Nicholas Rescher
Warum sind wir nicht klüger?

Warum sind wir nicht klüger?

Der evolutionäre Nutzen
von Dummheit und Klugheit

Nicholas Rescher

Aus dem Englischen übersetzt von
Astrid und Helmut Pape

 S. Hirzel · Wissenschaftliche Verlagsgesellschaft Stuttgart 1994

Titel der Originalausgabe: A Useful Inheritance. Evolutionary Aspects of the Theory of Knowledge

© 1990 Rowman & Littlefield Publishers, Inc.

Übersetzt von Astrid und Helmut Pape

First published in the United States of America by University Press of America, Lanham, Maryland, USA. Reprinted by permission. All rights reserved.

Die Erstausgabe erschien in den Vereinigten Staaten von Amerika bei der University Press of America, Lanham, Maryland, USA. Genehmigter Nachdruck. Alle Rechte vorbehalten.

Die Deutsche Bibliothek – CIP-Einheitsaufnahme

Rescher, Nicholas:
Warum sind wir nicht klüger? : Der evolutionäre Nutzen von Dummheit und Klugheit / Nicholas Rescher. Aus dem Engl. übers. von Astrid und Helmut Pape. – Stuttgart : Hirzel ; Stuttgart : Wiss. Verl.-Ges., 1994
  (Edition UNIVERSITAS)
  ISBN 3-8047-1290-8

Jede Verwertung des Werkes außerhalb der Grenzen des Urheberrechtsgesetzes ist unzulässig und strafbar. Dies gilt insbesondere für Übersetzung, Nachdruck, Mikroverfilmung oder vergleichbare Verfahren sowie für die Speicherung in Datenverarbeitungsanlagen.

© 1994 Wissenschaftliche Verlagsgesellschaft mbH, Birkenwaldstraße 44, 70191 Stuttgart
Printed in the Federal Republic of Germany
Umschlaggestaltung: Atelier Schäfer, Esslingen
Satz: Mitterweger Werksatz, Plankstadt
Druck: Druckerei Schäuble, Stuttgart

Vorwort

Die evolutionäre Erkenntnistheorie ist ein relativ neues Phänomen. Sicher, ihren ersten Vorläufer hat sie bereits in Darwins *Die Abstammung des Menschen*. Doch als unabhängiges und wohldefiniertes Projekt entspringt sie der Nachkriegszeit mit ihrer Vorliebe für „interdisziplinäre Studien", die für die zweite Hälfte des zwanzigsten Jahrhunderts charakteristisch ist. Den wirksamsten einzelnen Anstoß erhielt sie zweifellos durch die bahnbrechenden Forschungen Karl von Frischs über Informationserwerb und -weitergabe bei den Bienen (sie benutzen die Polarisierung gebündelten Sonnenlichts zur Orientierung). Es war Konrad Lorenz, der mit seinen Arbeiten die evolutionäre Erkenntnistheorie in philosophische Kontexte übertrug, und das erklärt, warum sie anfangs in Deutschland mehr Anhänger hatte als sonst irgendwo. In jüngster Zeit aber hat sich ihr Einfluß schnell um den ganzen Erdball verbreitet.

In den Händen von Philosophen neigen evolutionäre Fragestellungen dazu, eine andere Gestalt anzunehmen, denn sie beschäftigen sich nicht nur mit der biologischen, sondern auch mit der kulturellen Evolution. Das sollte jedoch nicht allzu große Schwierigkeiten mit sich bringen. So wie der Krieg zu wichtig ist, als daß man ihn den Generälen überlassen könnte, ist die Evolution zu wichtig, um sie nur den Biologen zu überlassen.

Im Frühling des Jahres 1987 habe ich mit der Arbeit an diesem Projekt begonnen. Ich interessiere mich jedoch schon viel länger für dieses Gebiet, wie sich in *Methodological Pragmatism* (Oxford, 1977) nachlesen läßt. In der Folgezeit sind verschiedene evolutionäre Themen und Argumente in meine Bücher eingeflossen, und ich dachte, daß mittlerweile die Zeit reif ist, die verschiedenen Stränge zu verbinden, um das Thema stärker im Zusammenhang zu behandeln. Insbesondere verdankt sich das Kapitel „Der Thesendarwinismus: ein Fehlstart der evolutionären Erkenntnistheorie" dem Kapitel 9 von *Methodological Pragmatism*, das Kapitel „Die Intelligibilität der Natur" dem Kapitel 5 von *The Riddle of Existence* (Lanham, 1984) und das Kapitel „Unsere Wissenschaft als *unsere* Wissenschaft" dem Kapitel 11 von *The Limits of Science* (Berkeley and Los Angeles, 1984).[1]

Ich danke Christina Masucci, Linda Butera, Marian Kowatch und Catherine Savel, die mir geholfen haben, ein brauchbares Typoskript zu erstellen. Und ich bin David Carey, Mark Notturno und Michael Ruse für ihre großzügige Unterstützung zu Dank verpflichtet: Sie haben eine erste Fassung des Buches gelesen und viele vernünftige Verbesserungen vorgeschlagen.

Nicholas Rescher
Pittsburgh, Pennsylvania 1989

Für Tom Rockmore, den Gelehrten, den Weltmann, den Freund

Inhalt

Die kognitive Evolution und ihre Erscheinungsformen

Homo sapiens: Intelligenz als Überlebensmechanismus unserer Art	9
Varianten des Evolutionsprozesses	12

Der Thesendarwinismus: ein Fehlstart der evolutionären Erkenntnistheorie

Poppers Modell einer evolutionären Erkenntnistheorie	17
Die Unerklärlichkeit des wissenschaftlichen Fortschritts mit Popperschen Mitteln	18
Zum Vergleich: Darwinismus der Methoden	23
Die Rolle von Versuch und Irrtum	27

Die kulturelle Evolution sozialer Verfahren in der Forschung

Kulturelle Evolution als teleologischer Prozeß: rationale Auslese	31
Die Rationalität des Vertrauens und die Entstehung von Gemeinschaftsarbeit	36
Die Verfahren einer „Scientific Community"	38

Die Intelligibilität der Natur

Die Möglichkeit von Naturwissenschaft erklären?	41
Dieselbe Fragestellung, näher betrachtet	43
„Unsere" Seite	44
Die Seite der Natur	46
Synthese	49
Folgerungen	51

Unsere Wissenschaft als *unsere* Wissenschaft

Wissenschaftlicher Relativismus	55
Das Problem einer extraterrestrischen Wissenschaft	57
Die potentielle Vielfalt von „Wissenschaft"	59
Das Argument „Eine Welt – eine Wissenschaft"	63
Evolutionäre Konsequenzen	67
Ein relativistischer Realismus	71

Der Wert der Dummheit: Evolution als Verteilungsmechanismus

Warum sind wir so klug?	73
Warum sind wir so dumm?	77
Konklusion	81

Schließt eine darwinistische Erklärung des Ursprungs des Geistes Intentionalität und Absicht aus?

Verhindert die Evolution Absichten?	83
Hermeneutische und kausale Perspektive	84
Evolutionäre Ursprünge	86

Anmerkungen	89
Bibliographie	95
Namenverzeichnis	97
Sachverzeichnis	99

Die kognitive Evolution und ihre Erscheinungsformen

Der *Homo sapiens* ist ein rationales Lebewesen. Das zeigt sich an der Tatsache, daß vieles von dem, was Menschen denken und tun, unter der formgebenden Leitung der Intelligenz vor sich geht. Daß wir Intelligenz besitzen und gebrauchen, kann und sollte von evolutionären Prinzipien her verstanden werden, denn die Intelligenz bildet unseren besonderen „Wettbewerbsvorteil" im evolutionären Zusammenhang. Während jedoch unserer *Besitz* von Intelligenz durch die biologische Evolution erklärt wird, erfordert die Erklärung der Art und Weise, in der wir sie tatsächlich *gebrauchen*, weitgehend einen recht anderen evolutionären Ansatz: Dabei geht es vielmehr um das *Vollziehen* von Gedanken als um die *Mechanismen* des Denkens als solche. Die beiden Bereiche haben mit radikal verschiedenen Arten von evolutionären Prozessen zu tun. Die eine ist „blind", die andere „teleologisch".

Homo sapiens: Intelligenz als Überlebensmechanismus unserer Art

Die Antike sah den Menschen als „das vernünftige Lebewesen" (*zoon logon echon*) durch seine Fähigkeit zu sprechen und nachzudenken von den übrigen Geschöpfen der Welt abgehoben. Nach dem Vorbild der griechischen Philosophie haben abendländische Denker im allgemeinen Größe und Pflicht des *Homo sapiens* im überlegten Gebrauch von Wissen zur Anleitung unserer Handlungen gesehen.

Die Menschen haben sich innerhalb der Natur dahingehend entwickelt, daß sie die ökologische Nische eines intelligenten Wesens einnehmen. Die menschliche Intelligenz ist Produkt eines verlängerten Prozesses biologischer Evolution. Für Tierarten gibt es mannigfache Weisen, sich in der Welt zu behaupten.

Biologischen Organismen bieten sich unterschiedliche alternative Wege an, mit der Natur zurechtzukommen: der Weg der großen Zahl von Individuen, der Weg der Härte, der Flexibilität, der Isolation und andere. Einen besonders vielversprechenden Evolutionspfad bietet aber der Weg der *Intelligenz*, der Anpassung durch den Gebrauch von Hirn statt Muskelkraft, durch Schlauheit statt Kraft, durch Flexibilität statt Spezialisierung. Eine fruchtbare ökologische Nische eröffnet sich einem Geschöpf, das sich in der Welt nicht durch pure Zähigkeit oder Zähne und Klauen, sondern durch Intelligenz behauptet – dadurch, daß es durch erkennende Voraussicht seine eigenen Handlungen mit dem Lauf der Welt koordiniert. Der Besitz von Intelligenz und die Vernunftbegabtheit des Menschen lassen sich leicht aus evolutionistischen Prinzipien erklären. Denn diese Anlagen sind offensichtlich Mittel zu effizienter Anpassung, da sie uns – wenigstens manchmal – in die Lage versetzen, unsere Umgebung nach unseren Bedürfnissen und Wünschen einzurichten, statt umgekehrt. Es ist überhaupt nicht schwierig, sich vorzustellen, wie Intelligenz mit ihrer charakteristischen Suche nach Verständlichkeit, Effizienz und Optimierung vorteilhafte Regelungen erleichtern kann. Intelligenter Vernunftgebrauch – das Verwenden unseres Gehirns, um Handlungen so zu leiten, daß die anscheinend beste Alternative herausgefunden wird – ist für unsere Art in großem Maße ebenso ein Instrument für das Überleben wie andere Geschöpfe ihr Überleben sichern, indem sie überaus fruchtbar, oder robust oder gut geschützt sind. Die Intelligenz bildet unseren besonderen „Wettbewerbsvorteil" im evolutionären Zusammenhang. Wie Darwin selbst betonte, sichert sich ein Geschöpf, das verstehen kann, wie die Dinge in seiner Umgebung funktionieren und sein Verstehen in Handlungen nutzen kann, damit einen evolutionären Vorteil.

Intelligenz hat sich nicht entwickelt, weil das Auftreten von Intelligenz in der Absicht der Natur liegt, sondern weil Intelligenz ihren Besitzern hilft, in der Natur zu überleben (zumindest bis zu einem gewissen Punkt). Intelligenz entsteht durch Evolutionsprozesse, denn sie stellt ein wirkungsvolles Mittel zum Überleben dar. Die Intelligenz ist unser funktionaler Ersatz für die große Zahl der Termiten, die Wildheit der Löwen oder die Widerstandsfähigkeit von Mikroorganismen. Kurzum, wir vernünftige Lebewesen wären nicht hier als die Wesen, die wir sind, und könnten als solche unsere Existenz nicht lange behaupten, wenn unsere Rationalität nicht dem Überleben diente.

Intelligenz ist kein unabdingbares Merkmal bewußten organischen Lebens. Hier auf der Erde zumindest ist sie unsere spezifisch menschliche Instrumentalität, unsere spezielle evolutionäre Erbschaft. Der Mensch ist *Homo quaerens*. Für uns ist der Imperativ des Verstehens etwas ganz und gar Grundsätzliches: Wir können nicht funktionieren, geschweige denn gedeihen, ohne Informationen darüber, was um uns herum vorgeht. Das Wissen, an dem wir unsere Aktivitäten in dieser Welt orientieren, ist selbst das allerpraktischste: Ein vernünftiges Lebewesen kann in Situationen, mit denen es keinen kognitiven Sinn verbinden kann, nur Unbehagen empfinden. Das Verlangen zu verstehen, sich seiner Umwelt kognitiv anzupassen, zu „wissen, wo's lang geht", ist eins der fundamentalsten Erfordernisse des Menschseins. Das „Unbehagen am Nichtwissen" ist ein natürliches menschliches Gefühl und versteht sich als solches. Nicht zu wissen, was um einen herum vorgeht, ist akut gefährlich für das Überleben einer denkenden Kreatur. Wie William James klug bemerkte: „Die Nützlichkeit dieser Wirkung der Erwartung auf das Gefühl liegt auf der Hand; die ‚natürliche Auslese' mußte sie früher oder später zuwege bringen. Es ist für ein lebendes Wesen von allerhöchster Wichtigkeit, die Eigenschaften der Dinge ringsumher im voraus zu kennen."[2]

Der Drang der Intelligenz zur Informationsaneignung ist nur ein weiterer Aspekt der Strategie der Evolution, durch Vergnügen (Wunsch) oder Verlangen (Bedürfnis) das für die Spezies Nützliche für das Individuum unwiderstehlich zu machen. Wir rationalen Lebewesen müssen unseren Geist ebenso ernähren, wie wir unseren Körper ernähren müssen. Wenn wir auf Informationssuche sind, müssen wir, ebenso wie bei der Nahrungssuche, mit dem vorliebnehmen, was wir zur Zeit bestenfalls erlangen können. Wir haben Fragen und brauchen Antworten: die besten Antworten, die wir hier und jetzt erhalten können, ungeachtet ihrer Unvollkommenheiten. Dieser tiefsitzende praktische Impuls nach kohärenter Information äußert sich in zwei grundsätzlichen Imperativen kognitiver Intelligenz:

(1) Tue dein Bestes, um angemessene Antworten auf deine Fragen zu bekommen!

(2) Fühle dich frei, jene Antworten anzunehmen, sie für glaubwürdig zu halten, zumindest für eine Zeitlang! Denn es gilt das Prinzip, daß wir mit dem arbeiten müssen, was wir bestenfalls erreichen können: Es muß für unsere gegenwärtigen Belange gut genug sein.

Verwirrung und Unwissenheit – um Mangel an Urteilsvermögen bei dem Namen zu nennen, den er verdient – verlangen an sich schon einen Preis von uns, der an die Substanz geht. Das Bedürfnis nach Information, nach kognitiver Orientierung in unserer Umwelt, ist ein ebenso drängendes Bedürfnis wie das nach Nahrung selbst, und weitaus unersättlicher. Wir Menschen wollen und haben das Bedürfnis, daß unsere kognitiven Überzeugungen sich zu einer vernünftigen Geschichte fügen, daß sie eine verständliche und kohärende Erklärung der Dinge ergeben, und wir brauchen das. Kognitive Lücken, Dissonanzen oder Desorientierung können für uns so quälend wie physischer Schmerz sein.

Information stellt für uns Menschen ein zutiefst praktisches Erfordernis dar. Ein tiefsitzendes Verlangen nach Verstehen und kognitiver Orientierung treibt uns voran, und wir werden unaufhaltsam dahin gedrängt (und sind dabei pragmatisch gerechtfertigt), dieses Verlangen zu befriedigen. Der norwegische Arktisforscher Fridtjof Nansen hat das gut ausgedrückt. Was Menschen antreibt, die unwirtlichen Polarregionen zu erforschen, sagte er, ist

die Macht des Unbekannten über den menschlichen Geist. So wie die Vorstellungen sich im Laufe der Jahrhunderte geklärt haben, so hat diese Macht an Reichweite zugenommen und den Menschen, ob er wollte oder nicht, auf dem Weg des Fortschritts vorangetrieben. Sie führt uns zu den verborgenen Kräften der Natur und vor ihre Geheimnisse, hinab in die unermeßlich kleine Welt des Mikroskopischen und hinaus in die unerhörten Weiten des Universums ... sie gibt uns keine Ruhe, bis wir diesen Planeten, auf dem wir leben, kennen, von der tiefsten Tiefe des Ozeans bis hinauf in die höchsten Schichten der Atmosphäre. Diese Macht verläuft wie ein Faden durch die ganze Geschichte der Polarforschung. Ungeachtet aller Erklärungen über den Profit, der sich auf die eine oder andere Weise daraus ergeben könnte, war es das, was unsere Herzen trotz aller Rückschläge und Leiden immer wieder dorthin zurückgetrieben hat.[3]

Es ist daher nicht besonders überraschend, daß die Menschen im Sammeln von Information über die Welt erfolgreich sein sollten. Dies ist natürlich und zu erwarten. Denn, wenn wir nicht erfolgreich wären bei diesem kognitiven Unternehmen, gäbe es uns nicht als die Art Wesen, die wir sind. Der Erklärungsgrund für unsere kognitiven Resourcen ist fundamental darwinistisch. Tatsächlich ist die Auffassung von Wissen als einem Werkzeug des Überlebens – der kognitive Darwinismus – so alt wie der biologische Darwinismus. Der Meister hatte selbst schon die Idee, daß die Fähigkeiten und Kompetenzen im Feld der Sprache, des Denkens und der Theoriebildung unerläßliche Bestandteile unserer biologischen Ausrüstung sind, die wir haben, weil diese Fähigkeiten im Überlebenskampf biologisch vorteilhaft waren.[4] Und nach Darwin verteilte sich diese Idee wie eine explodierende Feuerwerksrakete über das Firmament des Denkens im neunzehnten Jahrhundert. Zu jener Zeit verwendeten so unterschiedliche bedeutende Philosophen wie Arthur Schopenhauer, Herbert Spencer und Charles Sanders Peirce den Begriff der Evolution, um den Rückgriff auf gewisse intellektuelle Fähigkeiten zu Erklärungszwecken zu rechtfertigen, und eine Menge Denker, die sonst ganz unterschiedlichen Überzeugungen anhingen, folgten ihrem Beispiel.[5]

Varianten des Evolutionsprozesses

Eine wichtige Erweiterung der evolutionären Erkenntnistheorie ist jedoch erst jüngeren Datums, nämlich die Entwicklung eines evolutionären Ansatzes, der nicht nur unsere kognitiven Fähigkeiten als solche berücksichtigt, sondern auch den *Inhalt* des Wissens selbst.[6] Da die Menschen ihren Nachkommen nicht bloß genetische Züge vererben, sondern auch ein intellektuelles Instrumentarium mit Begriffen, Überzeugungen, Ansätzen und Methoden, ist es bloß natürlich, daß auch auf der nicht-physikalischen, ideellen Ebene ein Ausleseprozeß wirkt und dazu dient, das Überleben derjenigen Kulturformen zu begünstigen, welche sich als am dienlichsten erweisen.

Zu einem evolutionären Entwicklungsprozeß gehören in erster Linie drei Faktoren, welche die Generationen überspannende Replikation in der Zeit bewirken: Mechanismen für die Einführung von Variationen („Mutationen"), Mechanismen für die Eliminierung gewisser solcher Mutationen („Auslese") und Mechanismen für den Erhalt und/oder die Propagierung der selektierten Variationen. Und daraus ergibt sich eine Analogie von biologischen und soziologischen Situationen. Sie ist sowohl eng als auch weitreichend (siehe untenstehende Tafel).

Auf der einen Seite haben wir mit der biologischen Überlieferung leiblicher Merkmale durch biologische Vererbung von Generation zu Generation zu tun, auf der anderen mit der sozialen Verbreitung kultureller Merkmale auf dem Wege generationsüberschreitenden Einflusses. Doch die Grundstruktur des Vorgangs ist auf beiden Seiten dieselbe. Zu beiden gehört die Erhaltung von Strukturen in der Zeit.

Entsprechend muß man erkennen – und betonen –, daß es auf die überlebensfördernde Rolle der menschlichen Denkfähigkeit in der biologischen Evolution nicht allein im Hinblick auf kognitive Angelegenheiten ankommt. Auch in der historischen Entwicklung der konkreten Instrumente und Verfahrensweisen des menschlichen Denkens

Biologie	Soziologie
biologische Mutation	Variation der Vorgehensweise
reproduktive Elimination von Merkmalen durch ihre Nichtrealisierung in der Nachkommenschaft eines Individuums	reproduktive Elimination von Merkmalen durch fehlerhafte Überlieferungen an Nachfolger (Kinder, Schüler, Gefährten)
leibliche Nachkommenschaft	diejenigen, welche man beeinflußt

sind evolutionsartige Vorgänge am Werk. Nicht nur unsere verschiedenen Fähigkeiten intelligenten Vorgehens, sondern auch die Weise, in der wir mit ihnen umgehen, wenn wir sie verwenden, haben eine evolutionäre Basis, und sei es auch mehr in *rationaler* denn in *natürlicher* Auslese. Selbst wenn die biologische Evolution unseren *Besitz* der Intelligenz erklärt, die Weise, in der wir sie tatsächlich *gebrauchen*, erfordert, wenn wir sie erklären wollen, großen- oder größtenteils einen ganz anderen evolutionären Zugang, der sich mehr mit der Entwicklung von Denkverfahren als mit derjenigen der Denker selbst beschäftigt. Diese Art nichtbiologischer evolutionärer Erkenntnistheorie spielt auch in unseren gegenwärtigen Überlegungen eine Rolle, besonders dort, wo es um die kulturelle Entwicklung unseres Instrumentariums an *Begrifflichkeit* geht.

Ein Evolutionsprozeß muß als solcher *Mutations-* und *Auslese*-Mechanismen einschließen. Mutation wird gebraucht, um eine Vielzahl von (potentiell konkurrierenden) Alternativen zu erhalten. Dann tritt die Auslese auf den Plan, um für das Überleben der irgendwie „geeignetsten" Alternative zu sorgen. Beide Prozesse können theoretisch die eine oder andere von zwei ganz verschiedenen Formen annehmen: die eine blind, die andere teleologisch (zweckbezogen). Entsprechend gibt es zwei Arten von „Mutation":
(1) „Zufall": Variation *aufs Geratewohl*, blind erzeugte Alternativen,
(2) „Entwurf": *zweckvolle* Variation,
eine irgendwie „geplante" Variation, die auf der Linie irgendeines Ziels, einer Funktion oder eines Vorhabens liegt und davon bestimmt ist.
Ebenso gibt es zwei Arten von Selektionsprozessen:
(1) „natürlich": wenn die Reproduktion aus *physischen Gründen* (absolut oder statistisch) mißlingt,
(2) „rational": die *aus funktionalen bzw. rationalen Gründen* vorliegende (absolute oder statistische) Unmöglichkeit, fortgesetzt zu werden.

Geht man von dieser Dualität aus, lassen sich im Prinzip vier sehr verschiedene Evolutionsweisen erkennen (siehe untenstehende Tafel).

Wir werden hier keine Gelegenheit haben, auf die beiden „gemischten" Weisen der lamarckistischen und bergsonianischen Evolution einzugehen. Denn die Fälle, mit denen wir es zu tun haben werden, sind in erster Linie solche *biologischer* Evolution und Fälle *kultureller* Evolution. Erstere hat (davon kann man heutzutage ausgehen) darwinistische Form, während letztere (das wird die Diskussion zu erhärten versuchen) einen recht anderen Charakter hat und sich am entgegengesetzten Ende des Spektrums befindet.

Die biologische Evolution ist zweifellos darwinistisch: Hier wirkt natürliche Auslese teleologisch blind auf teleologisch blind aufs Geratewohl entstandene Mutationen. Die kulturelle Evolution auf der anderen Seite ist im allgemeinen teilhardianisch: Sie ist von vernunftgeleiteter Auslese unter zweckvoll

	Mutation	Auslese
darwinistisch:	zufällig	natürlich
lamarckistisch:	zufällig	rational
bergsonianisch:	zweckvoll	natürlich
teilhardianisch:	zweckvoll	rational

ersonnenen Variationen beherrscht.⁷ Insgesamt gesehen schließt die kognitive Evolution beide Komponenten ein, denn hier überlagert die rationale Auslese die biologische. Unsere kognitiven Fähigkeiten und Möglichkeiten sind Teil unserer natürlichen Ausstattung, die wir der biologischen Evolution verdanken. Aber unsere kognitiven Methoden, Verfahren, Maßstäbe und Techniken sind soziokulturell entwickelte Ressourcen, die sich im Prozeß kultureller Überlieferung von einer Generation zur folgenden evolvieren. Unsere kognitive Hardware (Mechanismen und Fähigkeiten) entsteht durch darwinistische natürliche Auslese, aber unsere kognitive Software (die Methoden und Prozeduren, mit welchen wir unsere kognitive Arbeit ausführen) entwickelt sich in einem teil-hardianischen Prozeß rationaler Auslese, also mit zweckvoller intelligenzgesteuerter Variation und Auslese. Die Biologie erzeugt sozusagen das Instrument, und die Kultur schreibt die Musik – wobei offensichtlich die erstere die letztere stark beschränkt. (Man kann auf einem Klavier nicht Schlagzeug spielen.)

Rationale Auslese ist nicht Sache *biologischer*, sondern *rational selektiver* Elimination (oder der Beibehaltung um *rationaler* Vorzüge willen). Sie betrifft einen Vorgang historischer Überlieferung von etwas, das eine auf zweckvoller Überlegung beruhende begründete Auswahl einschließt. Ein streng biologisches Eliminationsmodell für die Evolution von Methoden oder Vorgehensweisen ist unrealistisch. Denn in diesem Bereich geht es in erster Linie um historisches Überleben, und das beruht auf dem Verhalten einer Gemeinschaft bei der Überlieferung durch Lehre und Beispiel. Wenn (unter dem Druck zwingender Umstände) Änderungen vorgenommen werden, kann sich ein methodologisches Instrument als überlebensfähiger erweisen als ein anderes, weil umfangreiche Erfahrungen gezeigt haben, daß es der Spannweite relevanter Zwecke besser entgegenkommt. Die Weisen, in denen wir von unseren biologisch gegebenen Fähigkeiten Gebrauch machen, sind kulturelle Ressourcen, die übertragen werden, indem sie sich in Beispielen und in der Ausbildung als *soziale* Bevorzugung umsetzen. Auch da, wo solche Methoden und Vorgehensweisen, deren Effektivität sich in den Lektionen der Erfahrung gezeigt hat, beibehalten werden, ist eine Auslese aufgrund von Vorzügen und Vorlieben am Werk. Bei allen Mängeln des rational selektionistischen Ansatzes für die biologische Evolution aufgrund genetischer Mechanismen – für die kulturelle Evolution, die in der Überlieferung unserer intellektuellen Ressourcen wirksam ist, ist er offensichtlich brauchbar und geeignet.

Natürliche und rationale Auslese sind verwandte Vorgänge. In der biologischen Evolution geht es um die selektive Bewahrung von physischen Merkmalen, die für die Fortdauer der Existenz der Individuen vorteilhaft sind – eine Bewahrung durch biologische Übertragung in der Zeit und innerhalb bestimmter Populationen. In der rationalen Evolution überdauern jene Methoden (Prozesse) selektiv in der Zeit und werden Anleihen bei jenen Beispielen genommen, die der erfolgreichen Erfüllung von Aufgaben dienen, die zu erledigen eine Gruppe verpflichtet ist. Es besteht eine tiefgehende Verwandtschaft zwischen diesen beiden Evolutionsweisen, die auf diesem Parallelismus beruht:
inhärente Mutation – Prozeßvariation
inhärente Bewahrung – rationale Bewahrung.

Die Kombination der Prozesse der linken Seite strebt eine überlegene „Tüchtigkeit" (fitness) der Spezies an, die Kombination jener der rechten Seite strebt die überlegene Effektivität der Verfahrensprozesse an. Auf beiden Seiten gleichermaßen üben die Evolutionsprozesse einen Druck in Richtung größerer Effizienz und Wirksamkeit in der Abstimmung auf Nischen aus: Wie der Markt in der Wirtschaft sorgt die Evolution für eine effiziente und ökonomische Anpassung an die Erfordernisse maßgeblicher Umstände.

Allerdings geht es in der rationalen Auslese darum, gewisse Alternativen im Prozeß der Überlieferung *vorzuziehen*, weil diese besser zu den angestrebten Ergebnissen führen. Dieser Ansatz geht ganz von dem Bild intelligenter Wesen aus, die mit Bezug auf bestimmte, bereits ausgewählte Ziele rational handeln. Wo rationale Auslese am Werk ist, geht Pragmatisches und Evolutionäres Hand in Hand, weil diejenigen Vorgehensweisen, die an sich vorteilhaft (effizienter, effektiver, ökonomischer usw.) sind, mit an Sicherheit grenzender Wahrscheinlichkeit diejenigen sein werden, welche überleben, um ihren Weg durch den Gang der Zeit zu machen. Im Kern geht es darum, das, was als geeignet eingeschätzt wird, zu überliefern, weil es in der harten Schule der Erfahrung seine Effektivität bewiesen hat.

Die rationale Auslese ist demnach im Grunde ein Vorgang gleicher *Art* wie die natürliche (biologische) Auslese: Beide sind Hilfsmittel, um aus der Übertragung von einer Generation zur anderen gewisse Dinge fernzuhalten. Doch wie sie tatsächlich funktionieren, ist verschieden, da die Löschung durch rationale Auslese nicht im Hinblick auf das Telos blind und biologisch ist, sondern zielstrebig bzw. teleologisch und offenkundig rational. Orthodox darwinistische Auslese ist letztendlich eine Methode zur *Entfernung* von Teleologie: sie eröffnet einen Weg, *scheinbare* Zweckhaftigkeit in zweckfreier Begrifflichkeit zu erklären, indem sie an die Stelle jeden Rückgriffs auf ein Erwägen von Zielen die Mechanismen einer *blind auslöschenden* Vernichtung gewisser Formen setzt. Rationale Auslese ist etwas anderes: sie kann nur in bezug auf intelligenz- und handlungsbegabte, des Denkens und der Zwecksetzung fähige Wesen funktionieren, denn ihr Mechanismus ist das wohlüberlegte Unterlassen der Überlieferung jener Formen, die nicht zweckdienlich sind.

Sobald intelligente Geschöpfe auftreten, hat die reproduktive Löschung als solche nicht mehr das Monopol über die Entwicklungsprozesse. Unter rationalen Wesen verfallen ineffiziente kulturelle Muster von einer Generation zur anderen, weil die entsprechenden Vorgänge bei ihrer Selbstreproduktion weniger effektiv sind. Eben die Tatsache ihrer Ineffizienz, Unwirksamkeit, vermeidbaren Schwerfälligkeit oder ähnlicher Merkmale unterminiert die Anhänglichkeit der Menschen an diese Muster.

Unsere Intelligenz und unser Wissen sind die Früchte kollektiver und kumulativer Anstrengungen. Wir Menschen können nicht immer und überall bei Null anfangen, das Leben ist zu kurz. Das meiste von dem, worüber wir verfügen – physisch und intellektuell –, ist Erbe der Vergangenheit, und irgendein Teil von dem, was wir selbst tun, wird wiederum in die Zukunft übertragen werden. Der soziale Aspekt der kulturellen Evolution ist für unsere intellektuelle Entwicklung maßgeblich. Und er sorgt für ein besonders schlagkräftiges Instrumentarium. Der kulturellen Evolution gelingen Dinge, an die die biologische Evolution nicht herankann – zum Beispiel, Merkmale über geneologische Linien hinweg (das heißt, von „fremden" Gruppen) zu entlehnen oder innerhalb der Grenzen ein und derselben Generation Änderungen in der Vorgehensweise zu bewirken.

Die evolutionäre Erkenntnistheorie hat zwei verschiedene, jedoch miteinander verbundene Traditionen. Die eine findet sich in jüngerer Zeit bei K.R. Popper und ausdrücklicher bei Stephen Toulmin dargestellt. Sie befaßt sich mit der kulturellen Entwicklung mit Hilfe eines evolutionsanalogen Ansatzes, demzufolge die Ideen darum streiten, durch Übernahme und Bewahrung in der menschlichen Gemeinschaft selektiert zu werden – in dem Prozeß, in dem das geschieht, siegt wahrscheinlich die geeignetste. Das ist letzten Endes kulturelle Evolution durch rationale Auslese. Die andere geht auf Herbert Spencer und Charles Darwin zurück und wurde von C.S. Peirce, Karl von Frisch und Konrad Lorenz weiterentwickelt. Sie geht davon aus, daß der menschliche Geist gewisse genetisch bestimmte angeborene Dispositionen hat, Dinge auf besondere Weise zu tun, weil dies überlebensdienlich ist. Sie stellt das Paradigma der biologischen Evolution durch natürliche Auslese dar.

Unser Überblick wird sicherlich beide Arten von Evolutionsprozessen in Betracht ziehen müssen. Doch für den Anfang werden wir uns auf ein paar Aspekte der spezifisch *kulturellen* Evolution konzentrieren. Denn während die natürliche Auslese fraglos den menschlichen Besitz von Intelligenz und Vernunft erklärt, erklärt die *rationale* Auslese offensichtlich am besten die Eigenarten ihrer Verwendung. Biologische Prozesse sind ungeeignet, die charakteristische Flexibilität zu erreichen, die im Gegensatz zu dem im Tierreich anzutreffenden programmierten Automatismus der meisten Verhaltensweisen die Intelligenz auszeichnet. Unsere Methoden der Verwendung von Intelligenz entwickeln sich selektiv unter der Führung der Intelligenz selbst. So unplausibel ein rational teleologischer Ansatz in der streng *biologischen* Evolution sein mag, in der *methodologischen* Evolution, bei Fragen, die den *modus operandi* intelligenter und rationaler Wesen betreffen, ist er vorrangig und problemlos haltbar. Die historische Emergenz unserer Denkmechanismen ist zweifellos biologisch (darwinistisch), aber die Entwicklung unserer Denk*methoden* wird von dem sozialen Prozeß kultureller Evolution beherrscht. Und in diesem sekundären Stadium der *Vorgehensweisen* trennen sich zu einem gewissen Grad die Wege der biologischen und der kulturellen Evolution. Denkende Menschen sind weitgehend ebenso an dem zukünftigen Schicksal ihrer *Ideen* interessiert wie an dem zukünftigen Schicksal ihrer Nachfahren: Das Überleben ihrer *Werte* ist für sie nicht unbedeutender als das ihrer *Gene*.

Der Thesendarwinismus: ein Fehlstart der evolutionären Erkenntnistheorie

Karl Poppers Theorie einer evolutionären Erkenntnistheorie beruht auf der Idee, daß wissenschaftliche Entdeckungen Resultat einer Elimination blind vermuteter Hypothesen durch Versuch und Irrtum sind. Diese Theorie macht aus dem wissenschaftlichen Fortschritt ein unerklärliches, praktisch wunderbares Phänomen. Der fatale Fehler von Poppers Ansatz liegt in der Tatsache, daß er seinen darwinistischen Evolutionismus auf *Thesen* (Theorien oder Hypothesen) anwendet. Nur eine Erklärung, die sich auf kognitive *Methoden* konzentriert – und auf diese Weise automatisch für rationale statt zufällige Auslese sorgt –, kann eine geeignete Basis für das Verständnis der historischen Realitäten des wissenschaftlichen Fortschritts anbieten. Die Wendung zum Methodologischen ist nötig, wenn eine evolutionäre Erkenntnistheorie ein vertretbares Projekt sein soll. Ihr Evolutionismus ist dabei nicht Sache *natürlicher* Auslese unter den Anwendern der Methoden, sondern Sache *rationaler* Auslese durch Tests unserer kognitiven Methoden selbst durch Versuch und Irrtum.

Poppers Modell einer evolutionären Erkenntnistheorie

Eine der entwickeltsten und einflußreichsten zeitgenössischen Versionen evolutionärer Erkenntnistheorie ist das Modell wissenschaftlichen Fortschritts, das Popper in *Objective Knowledge* (Oxford, 1972)[8] vorgestellt hat. Popper richtete seinen kognitiven Evolutionismus insbesondere auf *Theorien* und *Hypothesen* aus, die mit Blick auf ihre „Überlebenstüchtigkeit durch Bestehen von Prüfungen" betrachtet werden (*Objektive Erkenntnis*, S. 31). Seine Theorie begründete ein Modell zufälliger Vermutung und Verwerfung, das das folgende Schema aufweist: Die Vorkommnisse in der Natur können stets durch verschiedene (im Prinzip endlos unterschiedliche) Hypothesen erklärt werden. Aus Teilen dieser unendlichen Reihe bildet der Wissenschaftler eine Vermutung. Das nachfolgende Testen dieser Hypothesen hinsichtlich ihrer Falsifikation ergibt den Prozeß einer „Selektion" unter ihnen. Die Grundidee der Popperschen Hypothesenevolution erfordert solch einen Determinationsmechanismus blinder kognitiver Variation und eliminativer Auslese unter wissenschaftlichen Theorien durch „die Methode von Versuch und Irrtumsbeseitigung" (a.a.O., S. 84).[9]

Nach Poppers Ansicht beschreibt die Dynamik dieses evolutionären Vorgangs zyklische Bewegungen: vom Ausgangsproblem zur provisorischen Theorie, dann zur Beseitigung der Irrtümer, dann zur verbesserten Problemstellung, dann zur verbesserten provisorischen Theorie und so weiter. „Ich lege die neodarwinistische Entwicklungstheorie zugrunde, formuliere sie jedoch insoweit um, als ich die ‚Mutationen' als mehr oder weniger zufällige Versuchs- und Irrtums-Schritte auffasse und die ‚natürliche Auslese' als eine Art ihrer Steuerung durch Fehlerausmerzung" (S. 268). Das Suchverfahren von Versuch und Irrtum, um das es hier geht, verläuft blind und wesentlich zufällig.[10] Nach Popper ist der Unterschied zwischen Einstein und einer Amöbe – vom epistemologischen Standpunkt aus – eher eine Frage des Grades als der Art, denn „die Methoden der fast zufälligen oder wolkenartigen Versuchs- und Irrtums-Schritte sind bei den beiden im Grunde nicht sehr verschieden" (S. 273). Der entscheidende Unterschied zwischen ihnen liegt eher in der Sphäre der Reaktionen auf Lösungen; denn anders als die Amöbe verhielt sich Einstein seinen eigenen Lösungen gegenüber *kritisch* (S. 274) und unterwarf sie durchdachten Falsifikationstests. Als Resultat einer solchen eliminativen Selektion von Hypothesen besteht unsere Erkenntnis „zu jedem Zeitpunkt aus denjenigen Hypothesen, die ihre (relative) Tüchtigkeit dadurch gezeigt haben, daß sie bis dahin in ihrem Existenzkampf überlebt haben, einem Konkurrenzkampf, der die untüchtigen Hypothesen ausmerzt" (S.288).

Wie dieser Überblick zeigt, beruht Poppers Modell wissenschaftlicher Forschung mittels eines Prozesses der zufälligen Vermutung und eliminativen Widerlegung auf drei grundsätzlichen Annahmen:
(1) In bezug auf jedes gegebene wissenschaftliche Problem sind im Prinzip immer unendlich viele alternative Hypothesen verfügbar.

(2) Die Wissenschaft schreitet durch Versuch und Irrtum voran, wobei zufällig vermutete Hypothesen ausgesondert werden.
(3) Dieser selektive Eliminationsprozeß ist induktiv blind: Der Mensch hat keine induktive Fähigkeit zur Unterscheidung der guten von den schlechten Hypothesen, er kann die vielversprechenden nicht von den wenig aussichtsreichen, die an sich plausibleren nicht von den an sich weniger plausiblen trennen. Und es gibt niemals irgendeinen Grund zu denken, daß diejenigen Hypothesen, die vorgeschlagen oder erwogen wurden, irgendwie vorteilhafter sind als alle anderen. In jedem Stadium ist unsere Suche zwischen Alternativen einfach ein blindes Herumtappen.
Diese drei Punkte stellen die vorherrschenden Merkmale der Popperschen Theorie einer evolutionären Erkenntnistheorie dar. Sie definieren zugleich ihren Charakter und zeigen ihre Problematik.

Die Unerklärlichkeit des wissenschaftlichen Fortschritts mit Popperschen Mitteln

Es zeigt sich sofort, daß Poppers Ansatz zu unerwünschten Konsequenzen führt. Denn wenn die Situation in der Tat so ist, wie seine verschiedenen Voraussetzungen dies andeuten, dann zerstören wir von Anfang an jegliche Aussicht darauf, zu verstehen, warum die kognitiven Anstrengungen des Menschen Erfolg haben. Das unerhörte Ganze der Errungenschaften der Naturwissenschaften – ihre historisch erwiesene Fähigkeit, ihre Arbeit gut zu tun und brauchbare und beeindruckend informative Ergebnisse zu zeitigen – wird nun gänzlich unverständlich. In der Tat ist dieser Erfolg im Ausbilden erklärender Theorien, die sich in Voraussage und in der Hinführung zu Anwendungen in einer komplexen Welt gut bewähren, nun ein Zufall von fast wunderbaren Ausmaßen, der in jedem Schritt so beliebig ist, als ob jemand blindlings die Telefonnummern der Freunde von jemand anders richtig geraten hätte.

Wie Popper selbst betont, ist die Entdeckung der *Wahrheit* das regulative Ideal des Unternehmens Forschung (*Objektive Erkenntnis*, S. 42). Doch erzeugt dies schwerwiegende Probleme. Denn wie kann die Fehlerkorrektur à la Popper jemals ein möglicher Bürge für die Überzeugung sein, daß unsere Forschungsanstrengungen sich – wie langsam oder verzögert auch immer – in Richtung auf dieses Ideal der Wahrheit bewegen? „Wir prüfen auf Wahrheit", behauptet Popper, „indem wir Falschheit beseitigen." Doch so etwas kann offensichtlich bloß da funktionieren, wo es um eine Theorie geht, die begrenzte Möglichkeiten zuläßt. (Man kann endlos Möglichkeiten als Lösungen eines Problems verwerfen – sagen wir, alle unendlich vielen ungeraden ganzen Zahlen als Lösungen für eine diophantische Gleichung, deren Lösung 8 ist – ohne dadurch der Wahrheit bedeutend näher zu kommen.)

Sobald wir zugestehen, daß alle Hypothesen, die wir jeweils erwägen könnten, wie Popper wieder und wieder betont, bloß ein paar wenige Fische sind aus einem unendlichen Ozean alternativer Möglichkeiten – nur vereinzelte Beispiele jener unendlich vielen Hypothesen, die man annehmen könnte, ohne daß wir sie überhaupt schon erwogen hätten, von denen keine an sich weniger verdienstvoll ist als diejenigen, die wir bereits haben –, dann wird die ganze Idee einer *Wahrheitssuche* durch die Beseitigung von Irrtümern sinnlos.[11] Wenn von einem gegenwärtigen Punkt unendlich viele Straßen ausgehen, dann sind wir dadurch, daß wir eine oder zwei (oder *n*) von ihnen ausgeschlossen haben, nicht ein Jota der einen nähergekommen, die zu dem ersehnten Ziel führt. Die Sachlage ist einfach die, daß ein evolutionäres Modell beliebiger Variation und selektiver Bewahrung, da wo es um Theorien und Thesen geht, in Schwierigkeiten ist, weil die Bandbreite alternativer Möglichkeiten, mit denen es zu Rande kommen muß, einfach zu groß ist, als daß man sie realistischerweise handhaben könnte. Echt blinde Variation von Überzeugungen würde ein absurdes Chaos erzeugen, dem kein vernünftiger Sinn abzugewinnen wäre.

Popper ist jedoch diesem unglücklichen Aspekt seiner Theorie zutiefst verpflichtet (und anscheinend ist er stolz darauf). Für ihn ist der Erfolg der Wissenschaften etwas Zufälliges, Akzidentielles, buchstäblich *Wunderbares* und völlig Unverständliches:

Und dennoch, selbst unter der Annahme (welche ich teile), daß unsere Suche nach Wissen bis jetzt sehr erfolgreich gewesen ist und daß wir jetzt etwas über unser Universum wissen, wird dieser Erfolg so unwahrscheinlich, daß es ans Wunderbare grenzt, und also unerklärlich. Denn sich auf eine endlose Reihe unwahrscheinlicher Zufälle zu berufen, ist keine Erklärung. (Ich nehme an, das Beste, was wir tun können, ist die fast unglaubliche Entwicklungsgeschichte dieser Zufälle zu erforschen, von der Entstehung der Elemente bis hin zur Entstehung der Organismen.) [*Objective Knowledge*, S. 204][12]

Unter den Prämissen der Wissenschaftstheorie Poppers begegnet man der Frage nach einer Erklärung des Erfolgs der Wissenschaften mit dem reinen *ignorabimus* des gänzlichen Geheimnisses. Jegliche Aussicht auf eine haltbare Begründung dafür, wie die Natur der

Welt und die Natur menschlicher kognitiver Technologie zusammenfinden können, um zu *erklären*, warum unser Verlangen nach Erkenntnisgewinn so erfolgreich ist wie es ist, wird uns verweigert.

Dies alles gilt natürlich nur unter der naiv phantastischen „demokratischen" Voraussetzung, daß alle möglichen Hypothesen gleichberechtigt sind, daß unser Ausleseverfahren nirgends berechnend, sondern praktisch zufällig ist, daß wir nicht der Ansicht sein sollten, wir könnten uns von den Hypothesen, die wir zur ernsthaften Untersuchung vorschlagen, vernünftigerweise mehr versprechen als von den übrigen. Kurzum, wir müssen darauf verzichten, den menschlichen Intellekt mit irgendeiner Art induktiv ausgerichteten *heuristischen Geschicks* begabt zu denken, mit irgendeiner Fähigkeit, die ihm in irgendeinem bescheidenen Umfang gestattet, aus den Alternativen diejenigen Hypothesen herauszugreifen, die aussichtsreichere Kandidaten sind als die übrigen (d.h. die wahrscheinlich beweisbar sind). Wenn man aber nicht das Recht hat, die Ausschaltung von Hypothesen als ein Begrenzen des Feldes *realer* Möglichkeiten anzusehen, dann wird dieser ganze Prozeß der Hypothesenbeseitigung für jeden Beweis bedeutungslos. Poppers Position ist in sich widersprüchlich. Die Technik der Irrtumsbeseitigung kann nur dann dem Desiderat Poppers dienen, näher an die Wahrheit heranzuführen, wenn man willens ist, den Schritt zu tun, den Popper verbietet, nämlich der forschenden Intelligenz die Fähigkeit zuzugestehen, bei der Selektion der Hypothesen, die geprüft werden sollen, eine vernünftige Auswahl zu treffen, so daß sie eben *nicht* gezwungen ist, mit Versuch und Irrtum blind zu operieren.

Popper besteht ausdrücklich und entschieden darauf, *„keine Erkenntnistheorie sollte versuchen, zu erklären, warum uns Erklärungen gelingen"* (a.a.O. S. 35, Hervorhebung von Popper). Dabei wird diese selbstverleugnende Vorschrift nirgends verteidigt, jedenfalls nicht auf der Grundlage einer unumgänglichen Unvermeidlichkeit in der Natur der Dinge – der einzigen Art von Verteidigung, die immerhin dazu motivieren könnte, eine so wenig verlockende und antiintuitive These zu akzeptieren. Man kann gar nicht genug betonen, wie unbefriedigend diese Position ist. Sie verfehlt die grundsätzliche und allererste Aufgabe einer jeden angemessenen erklärenden Theorie, „die Phänomene zu bewahren", und irgendeine aussichtsreiche Erklärung für sie vorzuschlagen.

Wenn wir aber solche kulturellen Artefakte wie unseren kognitiven *modus operandi* bei der Bildung von Überzeugungen ausbilden, wird natürlich der Rat der Erfahrung wirksam – die Rückschläge und Verfehlungen der Vergangenheit im Umgang mit Problemen, die zu den derzeit vorliegenden Fällen analog waren, spielen eine Rolle dabei. Dieser Aspekt der kognitiven Evolution ist offensichtlich erfahrungsgeleitet und nicht blind – im Gegensatz zu der Entwicklung der kognitiven *Mechanismen* in der biologischen Evolution.[13]

Jede adäquate Erklärung unserer Fähigkeit, wissenschaftliche Erkenntnis der Welt zu sichern, muß eine Theorie der Natur und eine Theorie der Forschung auf solche Weise kombinieren, daß es sich als bloß natürlich und erwartungsgemäß herausstellt, daß eine Forschung, die unter *diesen* Richtlinien durchgeführt wird, erfolgreich sein sollte. Doch Popper kann uns bestenfalls nur den Gedanken anbieten, daß unsere

Anstrengungen, in unseren Forschungsprozessen Informationen über die Welt zu sammeln, *möglicherweise* Erfolg haben *können*: „Daß wir keine Rechtfertigung ... für unsere Vermutungen [d. h. wissenschaftliche Hypothesen und Theorien] angeben können, bedeutet nicht, daß wir nicht auf die Wahrheit gestoßen sein könnten; einige unserer Hypothesen können sehr wohl wahr sein." (a.a.O., S. 42) In Anbetracht der Kapazität der wissenschaftlichen Forschung, ein wahres Bild der Realität zu geben, ist es „nicht irrational, zu hoffen, solange wir leben – und ständig handeln und entscheiden müssen." (a.a.O., S. 117) Wenn man nach der Wahrheit sucht, verdient jedoch die Entdeckung von etwas, das „sehr wohl wahr sein kann", keine besondere Betonung; so etwas sieht eher nach einem Fehlschlag denn nach Erfolg aus. Und offensichtlich ist *eine nicht irrationale Hoffnung* auf die Angemessenheit von Wissenschaft nicht gut genug: Gesucht wird eine *rational gegründete Erwartung*, wenn auch sicher keine wasserdichte *Garantie*, so doch mindestens eine *vernünftige Versicherung*, daß der Weg der Wissenschaft zur Lösung unserer Erkenntnisprobleme im Bereich der Tatsachen die besten Aussichten bietet, die wir haben können.

Die vitalistischen Gegner eines rigorosen Darwinismus haben traditionsgemäß den Einwand vorgebracht, daß die Evolution bei der Einrichtung solch hocheffizienter Überlebensinstrumente, wie z. B. das menschliche Auge, zu schnell und unbeirrt vorangeschritten sei, als daß der Entwicklungsprozeß gänzlich Resultat einer natürlichen Auslese sein könnte, die mit Zufallsvariation arbeitet. Wie im Beispiel des „kreativen Evolutionismus" Bergsons haben Vitalisten immer eingewendet, daß das Modell von Zufallsvariation plus natürliche Selektion für den Evolutionsprozeß keine hinreichende Erklärungsgrundlage für die Geschwindigkeit der Evolution bietet. Sie haben behauptet, die Wirkungsweise irgendeiner Art vitalen Prinzips sei vonnöten, das den Evolutionsprozeß in die richtige Richtung zieht, und zwar mit der richtigen Geschwindigkeit. Nun ist im Fall der *biologischen* Evolution dieser Einwand zweifellos unhaltbar: Alles spricht dafür, daß die verfügbare Zeitspanne groß genug ist, damit die neodarwinistischen Mechanismen der Mutationen und der genetischen Auslese ihre Wirkung entfalten können. Doch genetische Mutationen sind von begrenzter Bandbreite – anders als die Möglichkeiten zur Hypothesenbildung, wo buchstäblich endlose Variationen verfügbar sind. Biologisch ist es daher hinreichend, die ganze Bandbreite verfügbarer Alternativen zu prüfen; es besteht keine Notwendigkeit, die unermeßliche Bandbreite *möglicher* Alternativen zu erkunden. Aber beim Fall des Kognitiven ist die Situation in dieser Hinsicht völlig anders. Denn hier ist die Zeitspanne zu kurz, um das Phänomen des Fortschritts mittels einer Suche zu erklären, die aufs Geratewohl unter unbegrenzten Möglichkeiten auf Zufallstreffer aus wäre.[14]

Poppers Modell des Wachstums wissenschaftlicher Erkenntnis durch die Falsifikation von Hypothesen, zu denen man durch blindes Herumtappen zwischen Versuch und Irrtum gelangt, versagt daher im Wesentlichen, da es – wie Popper selbst zugibt – außerstande ist, die *Realität* wissenschaftlichen Fortschritts zu erklären, ganz zu schweigen von seinem *Ausmaß*. Und doch ist eben dieses Problem des *Ausmaßes und der Struktur wissenschaftlichen Fortschritts* sicherlich eines der Grundphänomene, die jede angemessene Theorie wissenschaftlicher Erkenntnis erklären können muß. Eine Theorie, die darauf besteht, dieses Thema hinter einem Schleier von Ignoranz und innerem Geheimnis zu verbergen, schwingt nur das Banner ihrer eigenen Unangemessenheit.

Es ist nicht schwierig, die Wurzel auszumachen, aus der die Schwierigkeiten entspringen, denen Popper bei seinem Umgang mit dem wissenschaftlichen Fortschritt begegnet. Denn seine evolutionäre Erkenntnistheorie postuliert einen Selektionsmechanismus durch Versuch und Irrtum, der sich *auf der Ebene individueller wissenschaftlicher Thesen oder Theorien* vollzieht. Und diese mikroskopische Betrachtungsweise, die sich mit individuellen Behauptungen und Überlegungen befaßt, ist ihre verhängnisvolle Schwachstelle. Popper meint, daß verschiedene Tatsachenbehauptungen nicht irgendwie durch inhärente Wechselbeziehungen natürlicher Notwendigkeit miteinander verbunden sind. Für ihn als rigorosen Empiristen kommen Dinge dieser Art nicht in Frage, er hält sie für obskuren und ungerechtfertigten Unsinn. Wie Hume glaubt Popper, daß alle Thesen über Tatsachen voneinander gänzlich unabhängig sind, außer insofern, als ihre Formulierungsweise streng logische Querverbindungen enthalten kann (d.h. Beziehungen zwischen Bedeutungen). Er bleibt grundsätzlich der Humeschen Ansicht verhaftet, daß Tatsachenbehauptungen – von logischen Überschneidungen abgesehen – atomistisch unverbunden nebeneinander stehen. Und so findet er sich mit dem unüberwindlichen Problem konfrontiert, wie die kohäsive Allgemeinheit, Ordnung und Systematizität unseres wissenschaftlichen Makro-Wissens je aus den verstreuten Winzigkeiten von Thesenprüfungen hervorgehen konnte – und das innerhalb der äußerst begrenzten *Zeitspanne*, über die die Wissenschaft verfügt. Es gibt *einfach zu viele* verschiedene vorstellbare Hypothesen, als daß man sie alle in einer induktiven Prüfung durch Versuch und Irrtum durchgehen könnte. Wäre in der Tat unser einziges Untersuchungsmittel von dieser Art, dann hätte es nichts geringeren als einer prästabilierten Harmonie zwischen der wissenschaftlichen Raterei und den Wegen der Natur bedurft, um so weit zu kommen, wie es uns in der so kurzen Strecke der menschlichen Geschichte bis jetzt gelungen ist.[15]

Poppers Theorie befindet sich also in einem verhängnisvollen Dilemma: Er muß wählen, ob er die Wirkungsweise der darwinistischen Selektion zwischen allen *denkbaren* (d.h. theoretisch verfügbaren) Theorien oder zwischen allen *vorgeschlagenen* (d.h. tatsächlich vertretenen) Theorien ansetzen will. Wenn man ersteren Weg einschlägt, hat man die Schwierigkeit, eine virtuell unendliche Aufgabe in einer begrenzten Zeitspanne verrichten zu müssen. Doch wenn man dem zweiten Weg folgt, gerät man in die Schwierigkeit, das Vorgeschlagene zu dem Vorschlagbaren ins Verhältnis zu setzen. Das Problem, einen substantiellen Fortschritt innerhalb einer begrenzten Zeitspanne zu erklären, kann nur gelöst werden, wenn man irgendeine Art menschlicher Fähigkeit unterstellt, bei der Hypothesenvermutung effizient zu sein – eine Art induktiver Fertigkeit – , so daß sich unter den tatsächlich vermuteten Hypothesen wahrscheinlich in der Tat die wirklich überlegene Alternative wird finden lassen. Mag rein willkürliche Zufälligkeit in den Anfängen der Entwicklung unseres physischen Apparats, mit dem wir Informationen aufnehmen und verarbeiten (unsere menschlichen Sinne und unser Gehirn) eine noch so bedeutende Rolle gespielt haben – zu der Zeit, wo man mit den Entwürfen erklärender Überzeugungen und Theorien zu tun hat, ist die Zeit für Zufälligkeiten längst vergangen. Wissenschaftliche Erkenntnis ist nicht und kann nicht ein Prozeß des Mutmaßens sein, der sich durchgängig völlig blind vollzieht.

Doch natürlich ist Popper ganz und gar nicht gewillt, irgendein solches induktives Talent zur Vermutung der überlegen Hypothese zuzugestehen; dem steht schon seine wohlbekannte Antipathie gegenüber allem entgegen, was mit induktiv bestätigenden Tendenzen zu tun hat. Und folgerichtig gerät er vor das andere Horn des Dilemmas: Sein blind herumtappender Mechanismus aus Versuch und Irrtum ist damit belastet, sich mit der ganzen Skala denkbarer Alternativen herumzuschlagen und verstrickt sich so in das Problem der Verfügbarkeit von Zeit und der unerklärlichen Erfolgsraten des Fortschritts.[16]

Zum Vergleich:
Darwinismus der Methoden

Man läßt derartige Schwierigkeiten hinter sich, sobald man von einem Darwinismus der *Thesen* zu einem Darwinismus der *Methoden* übergeht. Denn nun können wir ein Modell aus Versuch und Irrtum annehmen, das nicht im Hinblick auf *mögliche* Thesen, sondern im Hinblick auf *tatsächliche* Methoden der Thesenerhärtung arbeitet. Nach einem derartigen Modell ist der Evolutionsverlauf, wie langsam auch immer in den Anfangsstadien, imstande, schließlich für einen sehr schnellen Fortschritt zu sorgen, sobald erst *überhaupt eine* Richtung gefunden wurde. Nur ein kognitiver Evolutionismus, welcher sich – wie der vorgeschlagene methodologischen Zugang – wesentlich an verallgemeinerten Instrumentarien orientiert, kann erfolgreich einen Ausweg aus dem Treibsand finden, in den jede thesenorientierte evolutionäre Theorie gerät.

Die Mannigfaltigkeit individueller Thesen ist einfach zu groß, als daß ein Mechanismus aus Versuch und Irrtumsbeseitigung angemessen arbeiten könnte. Die Zufallsvariation von Behauptungen und Thesen öffnet die Büchse der Pandora der unendlich zahlreichen Alternativen. Aber Plausibilitätserwägungen können dazu dienen, die Notwendigkeit zufälligen Herumtappens zu vermeiden. Nur wenn wir gute Gründe haben, zu glauben, daß die evolutionäre Eliminierung innerhalb einer begrenzten Bandbreite wirklich optimaler Alternativen einsetzt, kann dieser Prozeß, der den Launen blinden Zufalls folgt, irgendwelche wahrheitsfähigen Resultate zeitigen. Betrachten wir eine Analogie:

Girolano Cardano, ein Mathematiker des sechzehnten Jahrhunderts, teilte die renaissancehafte Neigung zur Prahlerei. Er behauptete, daß eine monalphabetische Geheimschrift, die er erfunden hatte, wegen der großen Zahl möglicher Lösungen, die getestet werden müßten, unentzifferbar sei. (Eine monalphabetische Geheimschrift ist sehr einfach: Jeder Buchstabe der Ausgangsnachricht wird durch die ganze Nachricht hindurch konsistent durch einen und nur einen Buchstaben der Chiffrierung ersetzt.) Da es 26 Buchstaben gibt, gibt es faktisch 26 verschiedene Möglichkeiten, einem Klartext-Buchstaben einen Buchstaben der Chiffrierung zuzuordnen oder annähernd 11×10^{28} verschiedene mögliche Lösungen. Diese Überlegung verführte Cardano dazu, sich in der Sicherheit der Zahlen zu wiegen. Und doch können die meisten Amateure nach wenigen Stunden des Unterrichts in Frequenzanalyse und Anagrammierung diese Geheimschrift in Minuten entschlüsseln. So groß ist die Macht der Methode.[17]

Ein intelligentes Erfassen der Prinzipien regulativer Regelhaftigkeit kann Suchzeiten, die auf der Basis von Versuch und Irrtum astronomische Zeitspannen in Anspruch nehmen würden, auf ein vernünftiges Maß beschränken.

Daher ist es wichtig, selbst wenn wir die Nützlichkeit der Technik von Versuch und Irrtumsbeseitigung in der rationalen Forschung anerkennen, daß man sich dies nicht als ein blindes Herumtappen zwischen *allen denkbaren* alternativen Thesen und Theorien denkt, sondern als eine sorgfältig gesteuerte Suche unter den *wirklich vielversprechenden* Alternativen.[18] Forschung verläuft nicht so, daß man zur Produktion von zu testenden Hypothesen einen Zufallsgenerator in Gang setzt. Brauchbare Hypothesen entspringen nicht aus Zufallskombinationen, sondern aus der Entdeckung von Mustern in den empirischen Daten. Sie werden nicht *ex nihilo* durch beliebiges Herumtasten geschaffen: sie werden auf einer passenden methodologischen Grundlage *konstruiert*. Sobald eine Erkenntnismethode beginnt, eine sichtbare Erfolgsrate aufzuweisen, schafft sie sich Kredit auf der Bank epistemischer Bewertung. Nun kommen ihre Schecks langsam in den Genuß eines günstigen Vorurteils. Bis zum Schuldbeweis gelten sie als unschuldig und nicht umgekehrt.[19] Und so zeitigt die Methode nun nicht isolierte Behauptungen, sondern systematische Ergebnisse. Wir vermeiden blindes Herumtappen zwischen endlosen Möglichkeiten durch Methoden und Verfahren – systematische Vorgehensweisen, die von Analogien, Plausibilitätsüberlegungen, Vereinfachungen und ähnlichem Gebrauch machen und so eine komplexe Menge von Fällen auf handhabbare Größe verringern. Ohne solche methodologische Führung werden wir dazu gezwungen, zu einer „Methode" Zuflucht zu nehmen, die in Wirklichkeit viel eher der Abwesenheit von Methode gleichkommt, jene „Methode des letzten Mittels" nämlich – ein rein blindes Herumtappen zwischen den Möglichkeiten.[20] Die Schwäche eines evolutionären Modells wissenschaftlicher Forschung, das sich auf eine thesenorientierte Versuchs- und Irrtumsmethodik gründet, kann also durch einen kognitiven Darwinismus der hier erörterten Art überwunden werden, durch einen Darwinismus, der auf einer Ebene der Allgemeinheit operiert, die fehlt, wenn unsere Aufmerksamkeit sich auf einzelne Thesen konzentriert. Mit einem derartigen methodologischen Zugang sieht man den Mutationsvorgang aufgrund von Versuch und Irrtum und die rationale Auslese nicht als zunächst und in erster Linie hinsichtlich der Theorien oder Thesen selbst wirksam an, sondern hinsichtlich der Verfahrensprinzipien und Vermutungs-Heuristiken (rule-of-thumb heuristics), die bei ihrer Erhärtung wirksam sind. Die menschliche Phantasie ist fruchtbar genug, um in jedem Stadium der Forschung Hypothesen „wie Sand am Meer" zu entwerfen. Doch die Erfahrung lehrt, daß dort, wo es um die Lösung unserer Erkenntnisprobleme geht, die Bandbreite verfügbarer Forschungs- und Erklärungsmethoden deutlich begrenzt ist, da sie extrem von den besonderen Möglichkeiten historischen Ursprungs eingeschränkt wird, welche uns bloß begrenzte Alternativen zur Verfügung stellen. Allgemeine Methoden, die sich dadurch empfehlen, daß sie irgendwie erkennbar Erfolg versprechen, sind selten und vereinzelt, und wenn die Anzahl der Alternativen handhabbar gering ist, kann ein Herumtasten zwischen den Möglichkeiten aufs Geratewohl eine vernünftige Vorgehensweise sein. Blinde Variation und selektive Bewahrung ist in der Tat eine vielversprechende Vorgehensweise in der kognitiven Entwicklung, aber nur wenn sie sich auf der Ebene des gesamten Prozesses vollzieht anstatt auf der Ebene des einzelnen Produkts.

Entsprechend lassen sich die typischen Schwierigkeiten einer evolutionären Erkenntnistheorie, die auf einem Darwinismus der Thesen gründet, größtenteils vermeiden, wenn man den Schritt zu einem Darwinismus der Methoden tut. Die Aussichten eines Evolutionismus mit Versuch und Irrtum werden auf dieser methodischen Ebene außerordentlich verbessert, wenn wir die verfügbaren alternativen Vorgehensweisen zur Verwirklichung unserer Ziele ausprobieren und dann diejenigen beibehalten, die sich im Verlauf der Erfahrung als wirksam erweisen. Tatsächlich gehen Überzeugungen in die Wissensevolution ein, jedoch nur Überzeugungen einer ganz speziellen Art, nämlich die methodischen, deren enormer Vorteil in ihrer vielseitigen Anwendbarkeit liegt. So können *Methoden* durch eine Vielheit von verschiedenen Anwendungen auf eine Weise „erprobt und wahr" werden, die die Vielseitigkeit auch der allervagesten und unbestimmtesten *Thesen* weit hinter sich läßt.

Im Endeffekt versetzt uns der Schritt von *Thesen* zu *Methoden* – insbesondere zu Methoden für das Erhärten von Thesen – in die Lage, „zwei Fliegen mit einer Klappe zu schlagen". Wir vermeiden jeden Okkultismus, indem wir den Mechanismus des Lernens durch rationale Selektion *auf der methodologischen Ebene* einem strikten Verfahren aus Versuch und Irrtumsbeseitigung anvertrauen. Die Kombination eines Lernmodells für Methoden, das auf Versuch und Irrtum basiert, mit einem für Thesen, das auf der Verwendung von Methoden basiert, macht es möglich, aus beiden Welten das Beste zu haben.[21] Das bedeutet, daß das Risiko der Thesenprüfung nicht blindem Versuch und Irrtum anheimgestellt bleibt, sondern von *heuristischen methodischen Prinzipien* geleitet wird. Das geschieht unter Verwendung von Methoden, welche in der Vergangenheit ihre Effektivität erwiesen haben und deren Anwendung unter den gegenwärtigen Bedingungen deshalb eine grundsätzlich induktive Verbindlichkeit aufweist.

Manchmal spielt unsere Verwendung von Erkenntnismethoden allerdings eine Rolle in Situationen, wo es biologisch ums Überleben geht. Michael Ruse führt ein treffendes Beispiel an:

Man betrachte zwei mögliche Ahnen der Menschheit, von denen der eine über elementare logische und mathematische Fertigkeiten verfügt, während der andere nicht besonders viel davon aufweist. Man kann sich unzählige Situationen denken – und viele davon müssen im wirklichen Leben vorgekommen sein –, in denen der erstere Urmensch einen großen selektiven Vorteil gegenüber dem anderen gehabt hätte. Ein Tiger wird im Eingang einer Höhle gesichtet, die er und seine Familie normalerweise zum Schlafen benutzen. Niemand hat den Tiger herauskommen sehen. Soll er zumindest für diese Nacht eine andere Unterkunft suchen? ... Analoges gilt für die Mathematik. Zwei Tiger wurden gesehen, wie sie in die Höhle gehen. Bloß einer ist herausgekommen. Ist die Höhle sicher? ... Oder eine Hominide kommt an die Wasserstelle, findet Tigerspuren am Rand, Blutflecke auf dem Boden, hört Knurren, Fauchen und schrille Schreie aus dem Unterholz in der Nähe, und weiter sind keine Lebewesen in Sicht. Sie denkt: „Tiger! Achtung!" Und sie flieht. Ein zweiter Hominide kommt ans Wasser, bemerkt all die Zeichen, aber kommt zu dem Schluß, daß alle äußeren Anzeichen nebensächlich sind und deshalb nichts bewiesen werden kann: „Tiger sind bloß eine Theorie, keine Tatsache". Er läßt sich nieder, um erst einmal ausgiebig zu trinken. Welcher von diesen beiden Hominiden war Ihr Vorfahr?[22]

Doch normalerweise geht es in der Evolution von kognitiven Regeln nicht um das Überleben der Regelanwender, sondern bloß um das der angewandten Regeln innerhalb einer Forschungsgemeinschaft, die gewöhnlich diejenigen Regeln oder Vorgehensweisen annimmt und weitergibt, welche sich als funktionell wirksam erwiesen haben.

Ausgehend von der angeführten Kritik am Thesendarwinismus, kann jemand dem vorgeschlagenen Methodendarwinismus wohl folgendes entgegenhalten:

Ihr Argument gegen den Thesendarwinismus besteht (grob gesagt) darin, daß die *Gangart* des wissenschaftlichen Fortschritts zu schnell ist, um in einem Ausleseprozeß zwischen den verfügbaren Alternativen durch Versuch und Irrtum eine plausible Erklärung zu finden. Doch spricht dieses Argument nicht gegen Ihre eigene Position? Der Erfolg der Wissenschaften weist gewiß darauf hin, daß auf seiten der Vorgehensweisen und der Methodologie eine ganz wesentliche Differenzierung stattgefunden hat. Ist dies nicht in jeder Hinsicht ebenso schwer anhand darwinistischer Versuche und Irrtumsbeseitigungen zu erklären wie der Fortschritt auf seiten der angenommenen Thesen es ist?

Wäre dieser Einwand haltbar, hätten wir hier sicher ein ernstes Problem, doch er ist – zum Glück – ziemlich brüchig. Das Argument, daß es „nicht genug Zeit" gibt zum Vollzug des beobachteten Fortschritts durch mehr oder weniger zufällige Verbesserungen, nimmt, je nachdem, ob von Thesen oder von Methoden die Rede ist, völlig unterschiedliche Gestalt an. Der Thesendarwinismus erfordert eine enorme Anzahl sukzessiver Verbesserungen, denn die Zahl der Behauptungen, die bei der Ausbildung der Wissenschaften in Frage stehen, ist immens. Diese enorme Anzahl sukzessiver Wiederholungen des Ausleseverfahrens verlangt im Falle des Thesendarwinismus viel Zeit, und deswegen erscheint der schnelle Fortschritt der Wissenschaften von diesem Standpunkt aus faktisch als ein Wunder. Im Gegensatz dazu gibt es jedoch keinen Grund, warum die methodologische Vervollkommnung nicht mit darwinistischer Gemächlichkeit voranschreiten kann. Denn sobald einmal eine auch nur bescheiden effektive Methode schließlich gefunden worden ist, kann jede weitere Entwicklung natürlich mit extremer Geschwindigkeit statthaben, wenn wir unsere Erkenntnismethoden zu ihrer eigenen Verbesserung verwenden.

Stellen wir uns eine Analogie vor: Hinter der letztlich erfolgreichen Entwicklung der technologischen Methode menschlichen Fliegens mag ein langsamer und stockender Prozeß liegen, sobald jedoch einmal die ersten Anfangsgrundlagen des Unternehmens gefunden waren, ging die weitere Entwicklung hochentwickelten Lufttransports mit erstaunlicher Geschwindigkeit und auf fast selbstverständliche Art und Weise voran. Jahrtausende trennen Ikarus von den Gebrüdern Wright, aber der folgende Schritt zu Wernher von Braun brauchte nur eine Generation. Der freie Flug entwickelte sich von einer Reichweite über ein paar Dutzend Meter zu astronomischen Entfernungen mit erstaunlicher Schnelligkeit. Und es gibt keinen Grund, zu glauben, daß der Fall eher kognitiver als technisch manipulativer Methoden nicht ähnlich läge. Sobald erst einmal eine auch bloß teilweise adäquate Methode zum Prüfen von Tatsachenbehauptungen gefunden ist, spricht alles für die Annahme, daß die menschliche Findigkeit passende Gelegenheiten ersinnen wird, sie anzuwenden – zum großen Vorteil des schnellen Wachstums der Erkenntnis. Auf der Ebene der Thesen – der in Frage kommenden alternativen erklärenden Hypothesen – sieht man sich einem überwältigenden Reichtum gegenüber, der einen wirksamen Fortschritt durch zufallsbestimmte Auswahlprozesse auf jeder Grundlage unverständlich macht, es sei denn, man macht Voraussetzungen von einer Art, wie sie für jeden Geist mit empiristischen Neigungen rational ungenießbar sind. Aber im methodologischen Fall ist die Situation ganz anders. Sobald einmal eine auch nur maßvoll befriedigende Forschungsmethode zur Hand ist, kann wegen der einer derartigen Methode innewohnenden Kraft und Allgemeinheit der Fortschritt auf der Thesenebene sehr rasch sein. Aufgrund des zyklisch selbstkorrektiven Aspekts einer solchen Methode entsteht außerdem die realistische Chance zu weiterem beträchtlichem Fortschritt auch auf seiten der Methodologie selbst. Denn wir können natürlich unsere Erkenntnismethoden auf sich selbst anwenden, um ihre eigene Wirksamkeit einzuschätzen und ihnen zu weiterer Verbesserung zu verhelfen.

Die Rolle von Versuch und Irrtum

Die vorliegende Kritik von Poppers Evolutionismus wurde schon lange vor Poppers Zeit nicht nur der allgemeinen Richtung nach, sondern sogar im Detail antizipiert. Es war Charles Sanders Peirce, der sie vorwegnahm und dessen Ansicht in dieser Frage es verdient, ausführlich zitiert zu werden:

Aber wie kommt es, daß diese ganze Wahrheit immer von einem Prozeß erhellt wurde, in dem es keinerlei Zwang noch irgendeine Tendenz zum Zwang gibt? Ist das Zufall? Bedenken Sie die vielen Theorien, die vermutet worden sein könnten. Ein Physiker begegnet einem neuen Phänomen in seinem Laboratorium. Woher weiß er, daß nicht die Konjunktionen der Planeten etwas damit zu tun haben oder daß es nicht vielleicht deshalb aufgetreten ist, weil die Kaiserinwitwe von China zur selben Zeit im Vorjahr zufällig ein Wort von mystischer Kraft ausgesprochen hat oder vielleicht ein unsichtbarer Dschin anwesend sein kann? Denken Sie an die vielen Millionen und Abermillionen von Hypothesen, die aufgestellt werden könnten, von denen nur eine wahr ist; und doch trifft der Physiker nach zwei oder drei oder höchstens einem Dutzend Vermutungen ziemlich genau die richtige Hypothese. Aus Zufall hätte er das wahrscheinlich die ganze Zeit über, seit sich die Erde verfestigte, nicht getan. Sie mögen mir sagen, daß man zuerst zu astrologischen und magischen Hypothesen seine Zuflucht nahm und daß wir erst nach und nach bestimmte allgemeine Naturgesetze gelernt haben, infolge derer der Physiker die Erklärung seines Phänomens innerhalb der vier Wände seines Laboratoriums sucht. Aber wenn Sie die Sache etwas genauer ansehen, wird sie auf diese Weise nicht sehr gut erklärt. Beurteilen Sie die Sache großzügig. Der Mensch hat sich nicht mehr als etwas 20000 Jahre lang mit wissenschaftlichen Problemen abgegeben. Doch verzehnfachen Sie das, wenn Sie wollen. Aber das ist nicht ein Hunderttausendstel der Zeit, in der vielleicht von ihm erwartet wurde, daß er nach seiner ersten wissenschaftlichen Theorie suchte.

Sie mögen diese oder jene ausgezeichnete psychologische Erklärung von der Sache geben. Aber lassen Sie mich Ihnen sagen, daß die ganze Psychologie der Welt das logische Problem genau da läßt, wo es war. Ich könnte Stunden zubringen, diesen Punkt zu entwickeln. Ich muß ihn übergehen.

Sie mögen sagen, daß die Evolution die Sache erklärt. Ich zweifle nicht, daß es Evolution ist. Aber um Evolution aus dem Zufall zu erklären, ist nicht genug Zeit verstrichen.

Wie auch immer der Mensch seine Fähigkeit, die Wege der Natur zu erraten, erworben haben mag, es geschah bestimmt nicht mittels selbstkontrollierter und kritischer Logik. Selbst heute kann er für seine besten Vermutungen keinen exakten Grund angeben. Mir scheint, daß es die klarste und von aller fragwürdigen Beimischung freieste Feststellung ist, die wir von der logischen Situation machen können, wenn wir sagen, daß der Mensch eine gewisse Einsicht, die nicht stark genug ist, um häufiger richtig als falsch zu sein, aber stark genug, um nicht sehr viel häufiger falsch als richtig zu sein, in die Drittheit, die allgemeinen Elemente der Natur besitzt. Ich nenne sie eine Einsicht, weil sie auf dieselbe allgemeine Klasse von Operationen bezogen werden muß, zu der auch die Wahrnehmungsurteile gehören. Diese Fähigkeit ist gleichzeitig von der allgemeinen Natur des Instinktes und den Instinkten der Tiere insofern ähnlich, als sie die allgemeinen Kräfte unserer Vernunft übersteigt und uns lenkt, als ob wir im Besitz von Tatsachen wären, die völlig außerhalb der Reichweite unserer Sinne liegen. Sie ähnelt auch dem Instinkt aufgrund ihrer geringen Anfälligkeit für den Irrtum; denn obwohl sie häufiger falsch als richtig ist, ist doch die relative Häufigkeit, mit der sie richtig ist, im ganzen das Wundervollste unserer Veranlagung.[23]

Mit meisterhaftem Scharfsinn legt Peirce den Finger genau auf den richtigen Punkt: ein evolutionäres Modell für mögliche Hypothesen kann in der tatsächlichen (oder überhaupt in jeder entfernt realistischen) Zeitspanne einfach nicht adäquat arbeiten.[24] Der einzige Punkt, an welchem unsere Position heute sich von der Peirces unterscheidet, liegt darin, daß sie ausdrücklich und entschieden die heuristische *Methodologie* der Forschung und Beweisführung an die Stelle einer sonst mysteriösen Fähigkeit zum *Einblick* oder eines *Instinkts* setzt.

Wenn man die historischen Gegebenheiten des Erkenntnisfortschritts erklärt, scheint man in ein Dilemma zu geraten: *Entweder* man verläßt sich auf ein Modell der Entwicklung wissenschaftlicher Theorien durch blinden Versuch und Irrtum (in diesem Fall gibt es einfach keine Möglichkeit, eine plausible Erklärung der historischen Gegebenheiten der Schnelligkeit wissenschaftlichen Fortschritts zu erzielen), *oder* man wird in die Arme einer vom Vitalismus her bekannten okkulten *deus-ex-machina*-Konstruktion getrieben, indem man ein unzuverlässiges und unerklärliches Talent vorsieht, das den Forschern dazu verhilft, die Wahrheit der Dinge nicht allzuweit zu verfehlen.[25] Doch der hier eingeschlagene methodologische Weg führt zwischen den Hörnern dieses Dilemmas hindurch. Wenn wir die methodologische Wende vollziehen, sind wir in der Lage, zweierlei zugleich zu tun. Wir können für den Erkenntnisfortschritt ein Modell annehmen, das nur auf dem Mechanismus von Versuch und Irrtum beruht. Doch indem wir den Bereich seiner Anwendbarkeit von den *Thesen* (Theorien) auf die *Methoden* ihrer Erhärtung verlegen, sind wir imstande, die Geschwindigkeit wissenschaftlichen Fortschritts direkt in methodologischen Begriffen zu erklären. Entsprechend ermöglicht die Orientierung an der Methodologie, die Probleme, mit denen die orthodoxen thesenorientierten Ansätze evolutionärer Epistemologie konfrontiert sind, zu lösen.

Auf der unteren Ebene können *individuelle* Überzeugungen sicher biologisch gesehen aus wahrheitsirrelevanten Gründen überlebensdienlich sein – wie zum Beispiel ethische oder religiöse Überzeugungen, welche die gegenseitige Hilfe und Solidarität in sozialen Gruppen fördern. Aber auf der übergreifenden Ebene der Methoden der Überzeugungsbildung, die in Myriaden von Fällen systematisch angewandt werden, muß in einer Gemeinschaft rational Forschender ein Zusammenhang zwischen Angemessenheit und kulturellem Überleben bestehen.

Die darwinistischen Prozesse haben bestimmt verschiedene Denkmuster hervorgerufen, die angesichts der tatsächlichen Gegebenheiten so falsch wie auch irreführend sind. Es gibt nicht bloß Sinnestäuschungen (wie die ganze Bandbreite der optischen Täuschungen), es gibt ebenso Gedankentäuschungen. Einige davon haben mit Wahrscheinlichkeitsschlüssen zu tun, wie zum Beispiel der „Fehlschluß des Spielers", zu denken, daß ein Vorkommnis, das in wiederholten Versuchen seit langem nicht mehr aufgetreten ist, in der näheren Zukunft um so wahrscheinlicher auftreten wird. Dazu gehört auch die „Täuschung des unregelmäßigen Musters", für die eine Geburtenfolge von Knaben bzw. Mädchen MMMKKKMMMKKK in einer Reihe von Klinikgeburten weniger wahrscheinlich aussieht als die unregelmäßiger scheinende Folge M M K M K M M K K M K M.²⁶

Doch sobald einmal unsere *Methoden* für die Erhärtung der Myriaden von tatsachenorientierten (anstatt wahrscheinlichkeitsorientierten) Überzeugungen zur Hand sind, sind wir natürlich auch in der Lage, derartige irreführende Denkmuster zu vermeiden und zu korrigieren.

Abgesehen davon geht die Annahme, daß methodologischer Fortschritt schlicht und einfach durch blinde Versuche und Irrtumsbeseitigungen (d. h. durch gänzlich zufällige und nicht rational gesteuerte Variation) zustandekommen könnte, ohne Frage zu weit. Schließlich geschieht eine methodologische Innovation niemals gänzlich zufällig. Methodologische Überlegungen drehen sich in *jedem* Handlungsbereich – ob es sich um Holzarbeiten, um Schach oder das kognitive Projekt der Feststellung von Tatsachen handelt – um die funktionale Effektivität. Es macht durchaus Sinn, das Methodenproblem einmal in Analogie zu dem Unternehmen der Konstruktion von Werkzeugmaschinen, d. h. Maschinen zur Herstellung von Maschinen, zu durchdenken. Denn auch hier spielt die Suche nach Effektivität eine Rolle. Dieser meta-methodologische Aspekt der Sache verhilft uns dazu, eine brauchbare Erklärung für die schnelle Gangart von Erkenntnisfortschritt zu finden, wenn wir ein Evolutionsmodell verwenden, das sich an Methoden statt an Thesen orientiert – ein Modell, in dem sowohl rationale Variation als auch rationale Auslese eine entscheidende Rolle spielen.²⁷

Die kulturelle Evolution sozialer Verfahren in der Forschung

Anders als die biologische Evolution ist die kulturelle ihrer Natur nach teleologisch. Unsere kognitiven Methoden und Verfahren (unsere Software) entstehen – im Gegensatz zu unseren kognitiven Vermögen und Fähigkeiten (unserer Hardware) – in einem Prozeß *rationaler* statt darwinistischer *natürlicher* Auslese. Insbesondere wird das Aufkommen von Vertrauen und Gemeinschaftsarbeit in der Forschung durch Kosten-Nutzen-Überlegungen in bezug auf die Ziele des Unternehmens vorbereitet. Jede kommunikativ interaktive Gruppe intelligenter Forscher muß sich unter dem Druck des Eigeninteresses in eine Gemeinschaft von Teamarbeitern verwandeln. Die Verfahren, welche die Handlungsweise einer Wissenschaftlergemeinschaft charakterisieren, sollten als Produkt einer derartigen zweckgerichtet kanalisierten Kulturevolution gesehen werden, die auf rationaler Auslese basiert.

Kulturelle Evolution als teleologischer Prozeß: rationale Auslese

Naturwissenschaftlich gesonnene Erkenntnistheoretiker neigen heutzutage zu Überlegungen, wie die Leistungen des „Geistes" mittels der Tätigkeiten des „Gehirns"[28] erklärt werden können. Doch dieser Ansatz hat seine Grenzen. Die biologische Evolution kann zweifellos die kognitive Maschinerie erklären, deren Funktionieren für den *Besitz* unserer Intelligenz sorgt, doch wenn wir erklären wollen, auf welche Weise wir sie *gebrauchen*, ist weitgehend eine ganz andere Art evolutionären Ansatzes erforderlich, der die Entwicklung von Denkverfahren statt die von Denkmechanismen anspricht – von „Software" statt „Hardware". Es geht hier um eine Frage kulturell-teleologischer Evolution mittels eines Prozesses *rationaler* statt darwinistisch *natürlicher* Auslese. Demgemäß vollziehen sich hier völlig unterschiedliche Prozesse: der eine, als wäre er blind, der andere zweckvoll. (Insbesondere reagiert die biologische Evolution nur auf *tatsächlich realisierte* Veränderungen in den Bedingungen des Umfelds; die kulturelle Evolution kann in ihren fortgeschrittenen Stadien auch auf *bloß mögliche* Veränderungen der Bedingungen reagieren, da die Menschen fähig sind, hypothetisch zu denken und sich auf diese Weise vorzustellen, was „passieren könnte, wenn" gewisse Veränderungen einträten.) Sobald einmal in irgendeinem Maße, gleich wie gering, die Intelligenz auf den Plan getreten ist, übt sie Druck aus, um ihre eigene Reichweite zu vergrößern, und konditioniert durch die rationale Auslese der Prozesse und Verfahren auf der Basis zweckbestimmter Effizienz machtvoll jede zukünftige kulturelle Evolution.

So entsteht Rationalität – das intelligente Umgehen mit den Dingen, die im eigenen Interesse liegen – als der Schlüsselfaktor in der evolutionären Entwicklung von *Methoden* im Unterschied zu *Vermögen*. Das „selektive" Überleben wirksamer Methoden ist kein blinder und mechanischer Prozeß, den irgendeine unerbittliche Instanz der Natur in Gang setzt: Rationale Handlungssubjekte setzen in Theorie *und* Praxis auf Methoden, die sich als erfolgreich erweisen; sie lassen sich dabei in der Regel von den erfolgreichen Methoden leiten und geben diejenigen, welche versagen, auf oder korrigieren sie. Sobald wir eine methodenverwendende Gemeinschaft annehmen, die unter der Leitung der Intelligenz funktioniert – und das ist schon an sich ein Faktor biologischen Evolutionsvorteils – , trennt nur noch ein kleiner Schritt die pragmatische Frage des Anwendungserfolgs ihrer Methoden (*jeder* Art von ihnen) von der evolutionären Tatsache ihres historischen Überlebens. Solange diese intelligenten rationalen Handlungsträger sich sorgfältig um ihre eigenen Interessen kümmern, ist das Überleben der relativ erfolgreichen Methoden anstelle relativ erfolgloser von vornherein garantiert.

Die rationale Auslese der Methoden und Verfahrensweisen ist ein komplexer Vorgang, der sich nicht in einer „Population", sondern in einer *Kultur* vollzieht. Sie beruht auf der Tendenz einer Gemeinschaft rationaler Handlungsträger, durch Beispiel und Lehre Praktiken und Vorgehensweisen anzunehmen und zu bewahren, die zur Erfüllung gegebener Zwecke verhältnismäßig effektiver sind als ihre verfügbaren Alternativen. Entsprechend wird sich die historische Entwicklung von Methoden und Vorgehensweisen in einer Gesellschaft rationaler Handlungsträger wahrscheinlich als eine Abfolge wirklicher Verbesserungen darstellen. Rationale Handlungssubjekte, die verschiedene Prozesse und Verfahren in Versuch und Irrtum einer Folge von Experimenten unterziehen, werden sich wahrscheinlich nicht vorzugsweise solche Praktiken und Verfahren zu eigen machen und an ihre Nachfolger weitergeben, die unwirksam oder unökonomisch sind.

Überlegungen dieser Art zielen nicht auf eine direkte kausale Verbindung zwischen dem historischen Überleben der Methodenverwender und der funktionalen Wirksamkeit ihrer Methoden ab. Es handelt sich um eine Beziehung der gemeinsamen Verursachung. Die Intelligenz, die sich als überlebensdienlich erweist, begünstigt auch funktionale Wirksamkeit. Infolgedessen liefert bereits das Überleben bei tatsächlicher Anwendung einer Methode inmitten einer Gemeinschaft von (realistischen, normalen) *rationalen* Handlungssubjekten aufgrund dieser schieren Tatsache bereits einen Beweisgrund für ihren Erfolg bei der Verwirklichung der ihr gesetzten Zwecke.[29]

Bisher sind diese Überlegungen über die rationale Auslese darin gänzlich allgemein geblieben, daß sie sich abstrakt auf Methodologien jeglicher Gestalt oder Beschreibung beziehen. Sie gelten für alle beliebigen Methoden und treffen ebenso auf Methoden des Apfelschälens zu wie auf Methoden der Erhärtung von Erkenntnisansprüchen. Doch nun wollen wir das Feld unserer Betrachtungen einschränken und uns auf spezifisch *kognitive* Methoden konzentrieren, indem wir die Entwicklung der kognitiven und materiellen Technologie intellektueller Produktion betrachten.

Alles spricht dafür, daß die kognitiven Methoden und informationserzeugenden Verfahren, die wir bei der Ausformung unserer Ansicht der Wirklichkeit einsetzen, sich in einem historischen, evolutionären Prozeß selektiv durch Versuch und Irrtum herausbilden. Dieser Prozeß ist zwar seiner Rolle nach analog, seinem Charakter nach aber verschieden von dem der biologischen Mutationen, die die körperlichen Mechanismen verändern, durch welche wir uns in der physischen Welt verhalten. Ein Forschungsverfahren ist ein *Instrument*, mit dem wir unsere Erfahrung in ein systematisches Bild der Wirklichkeit einordnen. Und wie bei jedem Werkzeug, jeder Methode oder jedem Instrument nimmt die entscheidende Frage die instrumentalistische Form an: Funktioniert es? Führt es zu dem angestrebten Resultat? Ist es in der Praxis der Gewinnung und Entwicklung von Information erfolgreich? Wenn wir der kulturellen Entwicklung unserer kognitiven Ressourcen mittels Variation und selektiver Bewahrung unserer erkenntnistheoretisch orientierten intellektuellen Produkte auf den Grund gehen, stoßen wir auf diese Art von Legitimation.[30]

Sicherlich gibt es unterschiedliche, alternative Ansätze für das Problem, wie man feststellt „wie die Dinge in der Welt funktionieren". Die Beispiele solch okkulter kognitiver Bezugssysteme wie das der Numerologie (mit ihren heilbringenden Zahlenverhältnissen), der Astrologie (mit ihren planetären Einflüssen) und der schwarzen Magie (mit ihren mystischen Kräften) zeigen an, daß alternative Erklärungsmuster existieren und daß diese in sehr unterschiedlichem Maß ihre Verdienste haben können. In der westlichen Tradition jedoch ergeben sich die herrschenden Maßstäbe menschlicher Rationalität aus den Zielen der *Erklärung*, *Voraussage* und insbesondere *Kontrolle*. (Es kommt daher beispielsweise nicht entscheidend auf ein „Einssein mit der Natur" an – man denke an die gegensätzlichen kulturellen Ideale des Magiers, des Mystikers und des Weisen.) Diese Standards kreisen um Gedanken an die *Praxis* und sind im Gebrauch unserer begrifflichen Ressourcen in der Regelung unserer Angelegenheiten enthalten.

Nimmt man als gegeben an, daß rationale Handlungssubjekte ratsamerweise den *Erfolg* ihrer Unternehmungen bevorzugen, ist die Tatsache, daß die von uns verwendeten Erkenntnismethoden in bezug auf Erklärung, Voraussage und Kontrolle ein gutes Maß an erwiesener Wirksamkeit haben, nicht überraschend, sondern nur erwartungsgemäß: Die Gemeinschaft rational Forschender würde sie längst aufgegeben haben, wären sie nicht vergleichsweise erfolgreich. Aus einer evolutionären Perspektive, die sich auf rationale Auslese und die Anforderungen an die Bewahrung durch Annahme und Weitergabe gründet, ist es daher leicht, die Wirksamkeit unserer kognitiven Methodologie zu erklären.

Doch die Menschen sind natürlich nicht ganz so rational – sie haben ihre Augenblicke der Verwirrung und lassen sich manchmal gehen. Könnten solche Tendenzen nicht selektiv das Überleben des Ineffektiven gegenüber dem Effektiven begünstigen – der Fehlschlüsse statt des Wahren – und könnte nicht so der Prozeß der Erkenntnisevolution in inadäquate Richtungen abgleiten? C.S. Peirce hat diese Möglichkeit sicherlich erkannt:

Logizität in Hinblick auf praktische Angelegenheiten ... ist die nützlichste Eigenschaft, die ein Lebewesen besitzen kann und könnte daher durch das Wirken der natürlichen Auslese entstanden sein. Sieht man jedoch von praktischen Dingen ab, so ist es wahrscheinlich für ein Lebewesen von größerem Vorteil, seinen Kopf voll von heiteren und ermutigenden Phantasiebildern zu haben, unabhängig von ihrer Wahrheit; und so könnte die natürliche Auslese bei nicht praktischen Gegenständen eine trügerische Neigung des Denkens bevorzugt haben.[31]

Die methodologische Orientierung unseres Ansatzes schützt jedoch vor einer ungerechtfertigten Neigung zu solchen fehlerträchtigen Tendenzen. Auf der Ebene individueller Überzeugungen mögen „heitere und ermutigende Phantasiebilder" in der Tat einen überlebensfördernden Anstoß erhalten. Aber diese unerfreuliche Aussicht besteht dort nicht mehr, wo es um eine *systematische* Forschungsmethode geht – eine Methode also, die bereits aufgrund ihres zusammenfassenden Wesens in der Sphäre des pragmatisch Effektiven liegen muß.

Es ist nicht schwierig, Beispiele der Wirkungsweise evolutionärer Prozesse im kognitiven Bereich zu geben. Die intellektuelle Landschaft der menschlichen Geschichte ist mit den beinernen Überresten der ausgerotteten Dinosaurier dieser Sphäre übersät. Zu den Beispielen solcher abgesetzter Methoden der Gewinnung und erklärungskräftigen Nutzung von Information gehören Astrologie, Numerologie, Orakel, Traumdeutung, das Lesen in Teeblättern oder Vogeleingeweiden, Animismus, die teleologische Physik der Vorsokratiker und so weiter. Zweifelsohne sind solche Praktiken in manchen menschlichen Gemeinschaften bis auf den heutigen Tag weiterhin in Gebrauch, aber unter denjenigen, die sich ernsthafter Erforschung der Beschaffenheit der Natur widmen, d.h. unter Wissenschaftlern, ist das offenbar nicht der Fall. Es ist nichts in sich Absurdes oder an sich Verächtliches an solchen unorthodoxen kognitiven Programmen – selbst die okkultesten von ihnen haben eine lange Geschichte, die nicht nur von Mißerfolgen berichtet. (Man denke beispielsweise an die prominente Rolle numerologischer Erklärungen im Pythagoreanismus, später im Platonismus, bei den Arabern des Mittelalters bis hin zu Kepler in der Renaissance.) Es sind schon völlig unterschiedliche wissenschaftliche Methodologien und Programme erörtert worden: das ptolemäische „Retten der Phänomene" gegenüber der hypothetisch-deduktiven Methode oder, um ein anderes Beispiel zu nennen, Bacons Kollektionismus gegenüber der post-Newtonischen Theorie experimenteller Wissenschaft usw. Das Entstehen, die Entwicklung und der letztendliche Triumph jener wissenschaftlichen Methode der Forschung und Erklärung fordert eine evolutionäre Darstellung geradezu heraus. Dabei ist jedoch klar, daß diese mit rationaler anstelle von natürlicher Selektion arbeitet.

Hier droht der Einwand: „Wie können Sie aber sagen, daß das Überleben von Erkenntnismethoden in der Evolution an sich rational ist? Hat nicht die Astrologie bis auf den heutigen Tag überlebt – wie ihre beständige Präsenz in Zeitungsspalten beweist?" Die Antwort lautet: In der Tat hat die Astrologie überlebt, aber eben *nicht* in der Gemeinschaft der Wissenschaftler, das heißt, nicht unter Leuten, die sich auf ernsthafte Weise dem Verständnis, der Erklärung und der Kontrolle von Natur widmen. In der westlichen faustischen[32] intellektuellen Tradition der Wissenschaft ist der Faktor des Wissens-um-des-Handelns-willen der letztendliche Maßstab von Rationalität, und die Bewertung unserer Überzeugungen geschieht letztlich nach Maßgabe der Kombination von theoretischem und praktischem Erfolg – wobei „Praxis" in erster Linie im pragmatischen Sinne verstanden wird. All jene „okkulten" Verfahrensweisen mögen in irgendwelchen ökologischen Nischen der westlichen Kultur überlebt haben, in der *Wissenschaft* jedoch sind sie längst ausgerottet, und wir verwenden sie längst nicht mehr zur Anleitung wichtiger Handlungen.

Wir werden später feststellen, daß die Natur eine fehlertolerante Umwelt ist, so daß Leute, die sich ihre Ideen auf mangelhafte Art und Weise bilden – bis zu einem gewissen Punkt – imstande sein werden, „sich damit durchzuschlagen". Aber der entscheidende Punkt ist, daß unsere Berufung auf rationale Auslese insbesondere um der Ziele und Zwecke willen unternommen wurde, die in der wissenschaftlichen Forschung eine Rolle spielen: Voraussage, systematische Erklärung und Kontrolle über die Natur. In anderen Unternehmungen, die andere Zwecke im Sinn haben, kann die rationale Bewahrung durchaus in andere Richtungen weisen. (Wer möchte schon Gedichte, die „aufgrund wissenschaftlicher Prinzipien" geschrieben sind?) Aber das spricht in keiner Weise gegen die Triftigkeit der vorgebrachten Erklärung in ihrem angemessenen Kontext.

Zugegeben, der wissenschaftliche Ansatz zur Erforschung der Tatsachen ist bloß eine Möglichkeit unter anderen, und er hat keine unerschütterliche Grundlage in der Konstitution des menschlichen Verstandes selbst. Vielmehr besteht die Grundlage unserer historisch entwickelten und abgesicherten Erkenntniswerkzeuge darin, daß sie sich (allem Anschein nach) in offenem Wettbewerb mit ihren Rivalen bewährt haben. Vor dem Gerichtshof bitterer Erfahrung hat sich – durch die historischen Extravaganzen eines evolutionären Ausleseprozesses hindurch – gezeigt, daß die akzeptierten Methoden in der tatsächlichen Praxis am effektivsten arbeiten *vis-à-vis* anderer überprüfter Alternativen.

Die Erbschaft eines Individuums stammt in der Hauptsache aus zwei Quellen: einem biologischen Erbe, das es von seinen Eltern hat, und einem kulturellen Erbe, das von der Gesellschaft kommt. In der Entwicklung unseres Wissens aber erlangt dieser zweite Faktor entscheidende Bedeutung. Um in irgendeiner Gemeinschaft *rationaler* Handlungsträger zu gelten und Bestand zu haben, muß eine Praxis oder Verfahrensmethode sich im Verlauf der Erfahrung bewähren. Sie muß nicht nur bis zu einem gewissen Grad effektiv sein für die Verwirklichung der einschlägigen Ziele und Zwecke, sondern sie muß sich auch als effizienter erweisen als vergleichsweise verfügbare Alternativen. In Gesellschaften, die sich aus rationalen Handlungsträgern zusammensetzen, beherrscht ein ständiger Effizienzdruck das Zweck-Mittel-Verhältnis, wodurch ein Prozeß kultureller (anstelle von natürlicher) Auslese vorangetrieben wird, der die Verfahren, welche bei der Umsetzung der Ziele, die die Gruppe sich gesteckt hat, im Hinblick auf das Kosten-Nutzen-Verhältnis weniger effektiver sind, durch solche ersetzt, die dem besser gerecht werden. Das gilt eindeutig auch dort, wo kognitive Ziele angestrebt werden. Unsere kognitiven Vermögen sind zweifellos Produkt der biologischen Evolution, aber die Prozesse und Prozeduren, durch welche wir sie zum Einsatz bringen, sind Resultat einer *kulturellen* Evolution, die, rational durch Versuch und Irrtum gesteuert, unter den Bedingungen einer pragmatischen Bevorzugung voranschreitet, solche Prozesse und Prozeduren zu bewahren, die von Theoretikern als effizient und effektiv erwiesen werden.[33] Rationale Menschen haben eine starke Neigung zu dem, was funktioniert. Und der Fortschritt ist so rasch, weil die Rationalität, wenn sie einmal einen Zentimeter gewonnen hat, gleich einen Kilometer weitergeht. Natürlich wird die kulturelle Evolution von Kräften geformt und kanalisiert, die ihrerseits Produkt der biologischen Evolution sind. Denn unsere Instinkte, Neigungen und natürlichen Dispositionen sind uns allen von der Evolution einprogrammiert worden. Der Übergang von einer biologisch vorteilhaften Ökonomie effektiver physikalischer Arbeitsleistung zu einer kognitiv vorteilhaften Ökonomie effektiver intellektueller Arbeitsleistung ist ein kleiner und leichter Schritt.

Die Rationalität des Vertrauens und die Entstehung von Gemeinschaftsarbeit

Die historische Entwicklung der sozialen Prozesse und Praktiken, die für die Durchführung der Forschung in ihrem institutionalisierten Rahmen im Bereich der Wissenschaft kennzeichnend sind, bietet eine gute Illustration für das Phänomen rationaler Auslese. In jeder Gemeinschaft sich austauschender rationaler Handlungssubjekte drängt die pragmatische Stoßrichtung machtvoll zur Auslese und Bewahrung derjenigen Praktiken, die sich bei der Verwirklichung der Ziele des jeweiligen Unternehmens als teleologisch erfolgreich und funktionell kostengünstig erweisen. Der *modus operandi* der Wissenschaftsgemeinschaft illustriert diese Sachlage gut.

Man betrachte zum Beispiel solch gebräuchliche Praktiken von Wissenschaftlern wie das Austauschen von Information und die offene Publikation, ein System der Verdienstwürdigung, das auf dem Prinzip beruht, daß erster zu sein alles ist, und auf strenger Intoleranz gegenüber Plagiarismus, Schwindel[34], frisierten Daten und anderen Spielarten der Unehrlichkeit. Rationale Auslese kämpft um ihr Entstehen und ihre Stabilisierung unter den Wissenschaftlern, weil all diese Praktiken relativ zu der Zielstruktur des Unternehmens Wissenschaft Kosten-Nutzen-effektiv sind.

Insbesondere kann man die Entwicklung der institutionellen Grundregeln von Wissenschaft auf dieser Basis am besten verständlich machen. Sobald einmal der Drang zu systematischer Forschung in einer menschlichen Gemeinschaft entstanden ist (und die Natur der menschlichen Lebensumstände macht es nur natürlich, daß sie schließlich an dem einen oder anderen Ort entstehen sollte), wird die effiziente Verfolgung der Nah- und Fernziele des Unternehmens – in einer Gemeinschaft rationaler Handlungssubjekte – für die Entstehung solcher Kooperationspraktiken sorgen, wie sie den Verfahrenskodex der Naturwissenschaften kennzeichnen. Ihre treibende Kraft aber ist das Eigeninteresse, denn indem wir hilfreich für andere sind, helfen wir ihnen, hilfreich für uns zu sein, und das gilt für alle Bestrebungen und Zwecke.

Nehmen wir zwei gegensätzliche Gemeinschaften an: die Vertrauenden und die Mißtrauischen. Die Vertrauenden folgen dem Prinzip: „Sei selbst ehrlich und akzeptiere als wahrhaftig, was andere Leute sagen – jedenfalls solange nichts auf das Gegenteil hinweist." Die Mißtrauischen folgen dem Prinzip: „Täusche, so gut du kannst und betrachte die Aussagen anderer im selben Licht – als Versuche zu lügen und zu betrügen. (Selbst wenn sie offensichtlich wahrhaftig sind, wollen sie bloß erreichen, daß du dich in einem falschen Sicherheitsgefühl wiegst.)" Es ist sofort klar, daß die Taktik der Mißtrauischen auf jede Kommunikation völlig destruktiv wirkt. Wenn es Ziel des Unternehmens Wissenschaft ist, durch den Zugang zu Informationen, durch Kommunikation und Austausch unser Wissen zu vermehren, ist das Verfahren des Mißtrauens gänzlich kontraproduktiv. Im Intellektuellen wie im Geldverkehr ist Vertrauen wesentlich für den Erhalt aller Einrichtungen, die dem Gemeinwohl dienen.

Der Erhalt der Glaubwürdigkeit ist nicht nur ein Gewinn für die Kommunikation, ein gewisses Maß davon ist auch einfach notwendig. Das Gebot: „Schütze deine Glaubwürdigkeit, setze nicht leichtfertig die sozialen Grundregeln aufs Spiel, sondern schütze deinen Platz in der Gemeinschaft der Kommunikationsteilnehmer" ist grundlegend für das gesamte Projekt der Kommunikation. Und eben aus diesem Grund haben Praktiken, die erkennbar in diese Richtung führen, eine größere Chance, ausprobiert und, sind sie einmal ausprobiert worden, beibehalten zu werden.

Entsprechend ist eine Gesellschaft von Kommunikationsteilnehmern dazu bestimmt, sich unter dem Druck rationalen Eigeninteresses in eine Art Vereinigung gegenseitiger Hilfeleistung zu entwickeln, deren Mitglieder gemeinsam an der Schaffung und am Erhalt eines Vertrauensgefüges arbeiten. Denn es ist klar, daß jeder von einem System *(modus operandi)* profitiert, das in der Frage der Schaffung eines allgemein nutzbaren Informationsfundus das beste Verhältnis von Kosten und Nutzen für jeden von uns aufweist.

Es ist leicht zu erkennen, daß eine gegenläufige Praxis – eine, die eine skeptische oder agnostische Haltung gegenüber den Erklärungen der anderen einnimmt – vernichtend wäre. Müßte man diejenigen, mit denen man kommuniziert, anstatt mit ihnen auf der Basis eines „unschuldig bis zum Schulderweis" umzugehen, nach dem Motto „bis zum Beweis des Gegenteils nicht vertrauenswürdig" behandeln, würde sich dieses Verfahren jedenfalls als weitaus unökonomischer erweisen. Wir müßten dann jedesmal ausgedehnte unabhängige Verifizierungen anstellen, bevor wir irgendwelchen Informationsgewinn aus den Kommunikationsbeiträgen anderer ziehen könnten.

Wir wissen, daß verschiedene höchst „zweckdienlich" aussehende Prinzipien der Produktion von Wissen einfach falsch sind:
– Was zu sein scheint, ist.
– Was die Leute sagen, ist wahr.
– Die einfachsten Erklärungsmuster, die auf die Daten passen, geben die Tatsachen richtig wieder.

Wir wissen ganz genau, daß solche Verallgemeinerungen nicht haltbar sind – so schön es auch wäre, wenn sie es wären. Trotzdem akzeptieren wir sie im Gang der Forschung als Prinzipien der *Unterstellung*. Wir folgen der höherstufigen Metaregel: „In Abwesenheit konkreter Anzeichen für das Gegenteil gehe so vor, als ob jene Prinzipien wahr wären – das heißt, nimm, was der Fall zu sein scheint (was die Leute sagen etc.), als wahr an." Die Rechtfertigung dieses Schritts als einer Maßnahme des praktischen Vorgehens ist nicht die faktische Überlegung, daß man „wenn man diesem Weg folgt, zu korrekter Information gelangen bzw. nicht dem Irrtum verfallen" wird. Vielmehr kommt hier die methodologische Rechtfertigung zum Tragen: „Wenn man diesen Weg verfolgt, wird man die Interessen des kognitiven Unternehmens effizienter befördern: der Nutzen wird – im Ganzen genommen – die Kosten überwiegen."

Jede Gruppe miteinander kommunizierender rationaler Forschender muß am Ende eine Art Gemeinschaft werden, von einer gemeinsamen Praxis oder

Vertrauen und Zusammenarbeit zusammengehalten. Dazu kommt es einfach durch die Wirkung des Eigeninteresses unter dem evolutionären Druck ökonomischen Vorteils. Denn wenn man die Natur (das „Operationsfeld") so ansehen kann, daß sie so funktioniert, daß sie eine gemäßigte Handlungsweise belohnt, dann werden vernünftige Menschen diese Handlungsweise in ihrem eigenen Tun vorziehen und dies auch durch ihr Vorbild (und außerdem durch Vorschriften) lehren.

Diese Art von Vorgehen funktioniert auch an anderen Fronten. Man denke an operationale Regeln wie:
- ▶ *Sei klar:* Formuliere deine Entdeckungen intelligent, vermeide Ungenauigkeit, Mehrdeutigkeit, Unklarheit.
- ▶ *Sei ehrlich:* Manipuliere die Daten nicht, verschleiere keine Entdeckungen, stelle die Arbeit nicht falsch dar.
- ▶ *Sei sorgfältig:* Sei nicht nachlässig, nicht gleichgültig gegenüber Präzision und Exaktheit, vermeide Fallstricke.
- ▶ *Sei offen:* Verharre nicht in Unkenntnis der Schwierigkeiten, ziehe auch alternative Möglichkeiten in Betracht.
- ▶ *Sei kognitiv ehrgeizig:* Strebe nach Allgemeinheit, Eleganz.

Solche Grundregeln wissenschaftlicher Praxis sind entwickelt und verstärkt worden, weil sie innerhalb des Rahmens des Projekts Forschung kosteneffektiv sind. Sie sind Verfahren, deren ökonomisch zwingender Grund in dem charakteristischen Merkmal besteht, daß sie uns den billigsten (zweckmäßigsten) Weg bieten, die Daten zu sichern, die wir zu Antworten auf unsere Fragen bezüglich der Welt benötigen, in der wir leben. Die Effizienzüberlegungen, die am Ursprung der rationalen Auslese liegen, sprechen laut und deutlich zu ihren Gunsten. Wie ein moderner Theoretiker einsichtsvoll bemerkt:

In der Wissenschaft ... besteht das letzte Ziel in der Transmission nicht von Genen, sondern von Ideen. Die Wissenschaftler benehmen sich so selbstlos, weil es in ihrem eigenen Interesse ist, sich so zu verhalten. Das Beste, was ein Wissenschaftler für seine eigene Karriere tun kann, ist, zu erreichen, daß seine Ideen als seine Ideen unter seinen Wissenschaftlerkollegen anerkannt werden. Wissenschaftler erkennen den Beitrag an, den andere Wissenschaftler geleistet haben, weil es in ihrem wohlverstandenen Eigeninteresse ist, das zu tun.[35]

Der Reiz des erkennbaren Vorteils drängt rationale Handlungssubjekte ständig in ein System kooperativer sozialer Praktiken – in einen Verfahrenskodex, der den Nah- und Fernzielen dient, die das Unternehmen Wissenschaft mit sich bringt. Die relevanten Arten wechselseitig hilfeleistenden Verhaltens – Austausch, Aufrichtigkeit und Vertrauenswürdigkeit – liegen insgesamt stark im Interesse aller, denn sie setzen jedes Mitglied in die Lage, Nutzen und Vorteil für seine eigenen Zwecke daraus zu ziehen. Sowohl in der kognitiven als auch in der biologischen Evolution finden sich zahllose Situationen, in welchen das Eigeninteresse Altruismus simuliert – in welchen der Weg des „richtigen Tuns" vorteilhaft ist für die Spezies und mit ihr für das individuelle Handlungssubjekt.

Die Verfahren einer „Scientific Community"

Der freie Austausch „der wissenschaftlichen Literatur" illustriert ebenfalls diese Sachlage. Eine derart offene Literatur treibt die Gemeinschaft der Forschenden anfangs voran auf dem Weg in eine Gesellschaft gegenseitiger Hilfeleistung und unterstützt sie später als eine solche. Selbst wenn (entgegen den Tatsachen) das individuelle Verdienst aufgrund der eigenen Beiträge nicht durch die „berufliche Anerkennung" zunähme, wäre es für die einzelnen immer noch der Mühe wert, einem solchen Abkommen beizutreten. Denn dies ist offensichtlich in ihrem Interesse: ihre eigene Arbeit wird dadurch auch gefördert – zumindest solange intellektuelle Neugierde ein Motivationsfaktor für sie ist.

Die Ware Information ist eher Illustration als Gegenbeispiel für die Arbeitsteilung, die für Adam Smith aus einem vermeintlichen angeborenen menschlichen „Hang zu Handel, Höker und Austausch" entsteht. Der Wissensmarkt ist recht weitgehend von derselben Natur und folgt denselben Motiven wie jede andere Art Markt – es handelt sich um ein allgemeines Interessenarrangement.

Sicherlich, es ist keineswegs der Fall, daß der evolutionsrelevante Kosten-Nutzen-Vorteil gänzlich auf seiten der Kooperation liegt. Der Wettbewerb spielt auch eine Rolle. Kooperation ist nützlich und sogar notwendig, wo angehende Wissenschaftler an die Front der laufenden Forschung gebracht werden müssen. Doch beim Vorantreiben dieser Front – in Innovationen – kommt dem Wettbewerb eine entscheidende Rolle zu.

Es ist erhellend, das Belohnungssystem der Wissenschaften unter diesem Aspekt zu bedenken. Warum messen Wissenschaftler, wenn sie die Beiträge von Leuten bewerten, der Priorität solch großen Wert bei? Warum geht es bei wissenschaftlichen Entdeckungen zu wie bei politischen Wahlen: „*the winner takes all*"? (Ist nicht schließlich, wenn die Arbeit *unabhängig* und ausgehend vom selben Stand der Kenntnisse geleistet wurde, die *Leistung* gerade ebenso groß?) Die Antwort ergibt sich weitgehend aus dem Umstand, daß so ein maximaler Ansporn zu kreativer Anstrengung gegeben ist. Außerdem fordern die Interessen der Gemeinschaft, eine Dopplung von Einsätzen zu vermeiden. Das originalitätsbefördernde Prinzip, daß „alles, was schon einmal jemand gemacht hat, totes Geleise ist", garantiert zuverlässig, daß die Leute nicht „auf abgegrasten Feldern" arbeiten. Das Belohnungssystem der Wissenschaften ist weitgehend darauf abgestimmt, daß Nah- und Fernziele des Unternehmens auf die effizienteste Weise gefördert werden.

Dies wird deutlich durch das Aufkommen eines Belohnungssystems, das wissenschaftlichen Entdeckungen ihr Verdienst nach Maßgabe ihrer inhärenten Wichtigkeit zuteilt. Eine Arbeit von guter Qualität wird zum Himmel gepriesen und ausgezeichnet mit „beruflicher Anerkennung" und anderen Belohnungen, eine Arbeit von geringer Qualität wird einfach ignoriert. Ein derartiges System pflegt offensichtlich das Interesse des Unternehmens als ganzes, an welchem all seine Teilnehmer wesentlichen Anteil haben. Die Gemeinschaft der Wissenschaftler ist (in einem Ausmaß, das z.B. die Investitionsgüterindustrie oder das Gesundheitswesen nicht besitzen) selbstregulierend, denn ihre Mitglieder sind alle wechselseitig abhängig voneinander: sie sind in der Situation, daß sie untereinander von ihren Arbeiten Gebrauch machen müssen, während sie an ihrer eigenen sitzen.

Man beachte, daß, sogar abgesehen von den angeführten Überlegungen über Belohnung und Ansporn, durchschlagende Erwägungen zur Kosten-Nutzen-Effizienz gegen die Anonymität wissenschaftlicher und gelehrter Publikationen sprechen. Die Namensnennung ist vorteilhaft, denn sie ermöglicht den Lesern, in einem ersten Schritt das mutmaßlich kompetente Werk von Autoren zu erkennen, die etwas zu verlieren haben, weil sie durch kompetente Arbeit bereits eine gute Reputation gewonnen haben. Und deren Identifizierung ist natürlich auch ein Garant der Sorgfalt und Umsicht für diejenigen, welche sich auf dem Gebiet „noch einen Namen machen müssen". Eine blinde Publikationspraxis hätte den wesentlichen Nachteil, den Verlust brauchbarer Information nach sich zu ziehen. (Man stelle sich eine wissenschaftliche Zeitschrift vor, die nur anonyme Beiträge enthielte.)

Ob oder ob nicht (und in welchem Maße) Menschen sich einem bestimmten Projekt widmen (Medizin, Wissenschaft, Schachspiel) ist in der Tat eine soziale Frage. Doch wenn sie es tun – sobald sie sich ernsthaft und entschieden auf ein derartiges Projekt und seine ihm innewohnende Teleologie einlassen –, zwingen die inneren Mechanismen der Aufgabenstellung sie zu kosteneffizienten Mitteln im Verhältnis zu den Zielen, die zum Projekt gehören. Es gibt dann nichts Zufälliges mehr in ihren Verhaltensweisen. Denn wenn sie das Vorhaben mit Intelligenz und Hingabe verfolgen, dann wird die rationale Auslese im Laufe der Zeit unerbittlich ihre Wege zu lenken beginnen oder sie zu einer Gestaltung nötigen, die sich mittels ökonomischer Überlegungen erklären läßt, wobei Effizienz eine Hauptdeterminante der Überlebenstauglichkeit ist.

Die Konsequenz solcher Überlegungen ist unmittelbar einleuchtend. Der Kodex der Praxis, nach dem wir Menschen das Projekt ernsthafter Forschung in der Wissenschaft verfolgen, ist Produkt rationaler Auslese. Die systematischen Verfahren, die den *modus operandi* der „scientific community" in ihren verschiedenen typischen Aspekten ausmachen, sind in der Hauptsache Produkte einer kulturellen Evolution, die unter der beherrschenden Direktive funktionaler Effizienz voranschreitet. Sie sind unter dem teleologischen Druck der Zweckdienlichkeit als Ergebnis eines zutiefst rationalen Vorgangs der Bewahrung entstanden – durch kulturelle Aneignung, Predigt, Lehre, Rollenübernahme und dergleichen. Es gedeihen genau die Verfahren, die kosteneffizient sind, indem sie effizient die Ziele verwirklichen, die das Unternehmen Wissenschaft kennzeichnen. Die Faktoren Wirksamkeit und Effizienz haben ihre Wirkung getan, um sicherzustellen, daß das Wirkliche in dieser Hinsicht rational ist. Die Evolution ist in kognitiven Angelegenheiten auf der Seite der ökonomischen Rationalität, nicht so sehr, weil sie rational, sondern, weil sie ökonomisch ist.

Die Intelligibilität der Natur

Wie soll man erklären, daß Denken und Wirklichkeit auf so eindrucksvolle Art effektiv koordiniert sind, wie es die mathematische Naturwissenschaft zeigt? Ist dieser Erfolg vielleicht einfach unerklärlich? Sicherlich nicht! Um die Zugänglichkeit der Natur für die Erkenntnis zu erklären, muß man von zwei Seiten her argumentieren: Wir brauchen eine Erklärung, in der beide, unser Geist und die externe Natur, in ihrem Zusammenwirken eine entscheidende Rolle spielen. Unsere eigene Seite in dieser Geschichte besteht in der Tatsache, daß Geist ein entwickeltes Produkt der Naturvorgänge ist. Und die Seite der Natur in dieser Geschichte besteht darin, daß sie für die evolutionäre Entwicklung des Geistes die Bühne bereitstellt. Solch eine zweiseitige Erwägung kann im Prinzip in eine vollgültige Erklärung ausgearbeitet werden, die die Entdeckungen der Wissenschaft einbezieht, um zu erklären, wie mathematische Naturwissenschaft selbst möglich ist. Diese Erklärung unterstützt jedoch nicht die stark übertriebene Behauptung, daß „die Wissenschaft alles richtig sieht". Die entscheidende Tatsache ist, daß die Natur eine gewisse Toleranzbreite gegenüber Irrtümern aufweisen muß, wenn die kognitive Evolution überhaupt stattfinden können soll. Und das bedeutet, daß man den von uns vorgefundenen außerordentlichen Erfolg der Naturwissenschaft erklären kann, ohne zugleich zu behaupten, sie sei tatsächlich korrekt.

Die Möglichkeit von Naturwissenschaft erklären?

Wie ist Naturwissenschaft – und insbesondere Physik – überhaupt möglich? Wie kommt es, daß es uns unbedeutenden Menschenwesen gelingt, die Geheimnisse der Natur zu entschlüsseln und Zugang zu ihren Gesetzen zu gewinnen? Und wie kann unsere Mathematik, die doch eine freie kreative Erfindung der menschlichen Einbildungskraft zu sein scheint, so verwendet werden, daß sie in der Tat mit solch unheimlicher Effizienz und Genauigkeit den *modus operandi* der Natur kennzeichnet? Wie kommt es, daß die majestätische gesetzmäßige Ordnung der Natur für uns Menschenwesen mit unseren menschengemachten begrifflichen Mitteln erkennbar ist?[36]

Solange sich die Menschen sich die Welt als das Produkt der schöpferischen Aktivität einer mathematisierenden Intelligenz dachten – als Werk eines Schöpfers, der beim Entwerfen der Natur *more mathematico* vorgeht – war das Thema gänzlich unproblematisch. Gott stattet die Natur mit mathematisch intelligibler Ordnung aus und den Geist mit einer dazu stimmigen mathematischen Intelligenz. Also gibt es kein Problem, warum die beiden zusammengehen – Gott hat es einfach so eingerichtet. Aber natürlich verlieren wir – wenn *dies* die kanonische Begründung für den Zugang des Geistes zu den Gesetzen der Natur sein soll – unseren Zugriff auf die Intelligibilität der Natur genau dann, wenn wir auf den erklärenden Rekurs auf Gott verzichten.

Daher denken manche der tiefsinnigsten Denker heute, daß diese Möglichkeit für immer verloren ist. Sie bekennen freimütig, daß es keinen Weg gibt, das Rätsel zu lösen, wie es kommt, daß die Natur auf mathematisch gesetzvolle Weise intelligibel ist. Erwin Schrödinger bezeichnet den Umstand, daß der Mensch die Naturgesetze entdecken kann, als „ein Wunder, das jenseits des menschlichen Verstehens liegen (dürfte)".[37] Eugene Wigner behauptet: „die ungeheure Brauchbarkeit der Mathematik in den Naturwissenschaften grenzt ans Wunderbare, und es gibt keine rationale Erklärung dafür"[38], und er fährt überraschend poetisch fort: „Das Wunder der Eignung der Sprache der Mathematik zur Formulierung der Gesetze der Physik ist eine phantastische Gabe, die wir weder verstehen noch verdienen."[39] Selbst Albert Einstein stand mit heiligem Schauer vor diesem Problem. In einem Brief aus dem Jahre 1952 an Maurice Solovine, einen alten Freund aus den Berner Tagen, schrieb er:

Du findest es merkwürdig, daß ich die Intelligibilität der Welt (in einem Ausmaß, das uns berechtigt, von solch einer Intelligibilität zu sprechen) als ein Wunder oder ewiges Geheimnis betrachte. Nun, *a priori* sollte man erwarten, daß die Welt nur in dem Ausmaß gesetzmäßig gemacht werden kann, in dem wir mit unserer ordnenden Intelligenz eingreifen ... [Doch] die Art Ordnung, wie sie zum Beispiel Newtons Gravitationslehre schafft, ist im Gegenteil von gänzlich anderer Art. Selbst wenn die Axiome der Theorie von Menschen aufgestellt wurden, setzt doch der Erfolg einer solchen Bestrebung in der objektiven Welt einen so hohen Ordnungsgrad voraus, wie wir *a priori* in keiner Weise anzunehmen berechtigt waren. Dies ist das „Wunder", das mit der Entwicklung unseres Wissens größer und größer wird ... Das Seltsame dabei ist, daß wir uns damit zufrieden geben müssen, das „Wunder" zu konstatieren, ohne daß wir ein legitimes Mittel hätten, darüber hinauszugehen.[40]

Folgt man all diesen ausgezeichneten Physikern, so haben wir es mit einem tiefen Geheimnis zu tun. Sie sind der Ansicht, daß wir anerkennen müssen, *daß* die Natur intelligibel ist, daß wir jedoch keinerlei Aussicht haben, zu verstehen, *warum* das so ist. Das Problem, die Intelligibilität der Natur mittels unserer mathematischen Mittel zu verstehen, wird als unbehandelbar, unlösbar und hoffnungslos angesehen. Alle drei berühmten Nobelpreisträger der Physik verwenden in diesem Zusammenhang ohne Scham oder Skrupel das Wort „Wunder".

Vielleicht ist die Frage selbst schon illegitim und sollte gar nicht gestellt werden. Vielleicht sind wir nicht nur außerstande, das Problem der Intelligibilität der Natur zu behandeln, sondern schon die Frage ist vielleicht tatsächlich *unangemessen* und geht irrigerweise von einer falschen Voraussetzung aus. Denn, wenn man nach einer Erklärung fragt, *warum* wissenschaftliche Forschung erfolgreich ist, unterstellt man, daß es tatsächlich einen Erklärungsgrund *gibt* für dieses Faktum. Wenn aber dieser Umstand etwas Zufälliges oder Akzidentelles ist, dann wird es natürlich gar keinen solchen Erklärungsgrund geben. Eben diese Position vertreten verschiedene Philosophen. Zum Beispiel folgt Karl Popper einer derartigen Argumentation, wenn er schreibt:

[Die traditionellen Formulierungen des Induktionsprinzips] gehen alle davon aus, unsere Suche nach [wissenschaftlicher] Erkenntnis sei erfolgreich gewesen, und wir müßten auch noch erklären können, warum.

Doch selbst wenn wir annehmen (und das tue ich), unsere Erkenntnissuche sei bisher sehr erfolgreich gewesen, wir wüßten jetzt etwas über die Welt, dann ist dieser Erfolg unbegreiflich unwahrscheinlich und daher unerklärlich; die Berufung auf eine endlose Folge unwahrscheinlicher Zufälle ist keine Erklärung. (Das Beste, was wir tun können, scheint mir zu sein, die fast unglaubliche Entwicklungsgeschichte dieser Zufälle zu untersuchen, ...)[41]

Auch Mary Hesse denkt, es sei unangemessen, nach einer Erklärung für den Erfolg der Wissenschaften zu fragen, „weil die Wissenschaft schließlich ein Wunder sein könnte".[42] Mit einer derartigen Einstellung wird die Frage nach der Intelligibilität der Natur zu einem illegitimen Pseudoproblem – einer verbotenen Frucht, an der zu knabbern vernünftige Geister sich nicht vermessen sollten. Wir müssen uns einfach mit dem Faktum zufriedengeben und einsehen, daß jeder Versuch, es zu erklären, von vornherein zum Scheitern verurteilt ist, denn schon das Projekt ist unangemessen.

Einige der fähigsten wissenschaftlichen Köpfe der Gegenwart erklären sich also in dieser großen Frage, wie der Erfolg von Naturwissenschaft überhaupt möglich ist, für geschlagen und zögern nicht, das Thema mit Geheimnis oder Wunder zu verhüllen.

Nun hat ein solcher Ansatz aber nur ein sehr fragwürdiges Verdienst. Ungeachtet hervorragender Autoritäten, die das Gegenteil bezeugen, ist die Frage nach der Erkennbarkeit der Natur durch Naturwissenschaft nicht nur interessant und wichtig, sondern zudem mit Sicherheit eine Frage, von der wir im Prinzip hoffen und erwarten sollten, daß sie sich auf mehr oder weniger vernünftige Weise wird beantworten lassen. Auf jeden Fall erfordert dieses wichtige Thema eine starke Dosis Entmystifikation.

Dieselbe Fragestellung, näher betrachtet

Wie kommt es, daß wir wirksam von der mathematischen Maschinerie Gebrauch machen können, um den *modus operandi* der Natur zu kennzeichnen? Der reine Logiker scheint eine Antwort parat zu haben. Er sagt: „Die Mathematik *muß* auf die Wirklichkeit anwendbar sein. Mathematische Propositionen sind rein *abstrakte* Wahrheiten, deren Bewertung allein von begrifflichen Fragen abhängt. Daher gelten sie für *diese* Welt, weil sie für *jede mögliche* Welt gelten."

Aber diese Antwort verfehlt den Punkt, um den es hier geht. Zugegeben, die Wahrheiten *reiner* Mathematik gelten in und für jede mögliche Welt. Doch das tun sie bloß kraft der Tatsache, daß sie streng hypothetisch sind und deskriptiv leer; hinsichtlich inhaltlicher Fragen über Vorgänge in der Welt sind sie gänzlich ungebunden. Gerade dieser begriffliche Status bedeutet, daß die Aussagen der reinen Mathematik gänzlich außerhalb unserer gegenwärtigen Thematik liegen. Uns beschäftigt hier nicht die *apriorische* Wahrheit reiner Mathematik oder daß sie Verstandeswahrheiten hervorzubringen vermag, sondern die *empirische Anwendbarkeit* der Mathematik steht hier zur Debatte, ihre Schlüsselrolle bei der Bildung der *aposteriorischen*, kontingenten Wahrheiten tatsächlicher Gesetzmäßigkeit, die die Wege der Natur für den Verstand faßbar machen.

Schließlich bedeutet die Tatsache, daß in einer Welt eine reine Mathematik gültig ist, noch nicht, daß die Gesetze dieser Welt in relativ einfachen mathematischen Begriffen beschreibbar sein müssen. Sie bedeutet nicht, daß die Abläufe in der Natur sich harmonisch zur Mathematik verhalten müssen und mittels einfacher, sauberer, eleganter und rational einleuchtender Formeln erfaßt werden können. Kurzum, es bedeutet nicht, daß die Welt mathematisch behandelbar sein muß und daß sie „mathematophil" ist, indem sie empfänglich ist für die Art beschreibender Behandlung, die sie in der mathematischen Physik erfährt. Wie sollen wir denn dann die Tatsache erklären, daß uns die Welt in den mathematischen Begriffen unserer Naturwissenschaften so offensichtlich intelligibel erscheint?

Die Antwort auf diese Frage der kognitiven Zugänglichkeit der Natur für die mathematisierende Intelligenz muß in einer etwas komplexen, zweiseitigen Geschichte liegen, in der beide Seiten, Intelligenz und Natur, eine Rolle spielen sollten. Diesen Gedankengang wollen wir verfolgen, und zwar Schritt für Schritt.

„Unsere" Seite

Unser menschlicher Anteil an dieser bilateralen Geschichte ist relativ offensichtlich. Schließlich ist der *Homo sapiens* Bestandteil der Natur. Wir sind als innere Komponente in das natürliche Muster der Dinge eingebunden – dank der Prozesse der Evolution. Unsere Erfahrung ist daher unvermeidlich Erfahrung *von Natur*. (Eben das ist schließlich „Erfahrung" – unsere intelligenzvermittelte Reaktion auf die stimulierenden Einflüsse der Welt auf uns.) So ist die Art von Mathematik – die Art von Theorie der Periodizität und Struktur – , die wir im Licht dieser Erfahrung erfinden, die Art, welche im Prinzip auf die Natur anwendbar ist, wie wir sie erfahren können. Wie C.S. Peirce betonte, gleicht der Druck der Evolution unsere intellektuellen Prozesse dem *modus operandi* der Natur an. Denn die Natur *belehrt* uns nicht nur (wenn wir uns entschlossen haben, sie zu erforschen), sondern *formt* uns auch (ob wir sie erforschen oder nicht). Und letzteres tut sie fortwährend auf eine Weise, die nicht ohne Folgen für ersteres ist und sein kann.

Unsere Mathematik ist darauf zugeschnitten, auf die Natur abgestimmt zu werden, weil sie selbst als Werkzeug unseres Denkens ein Naturprodukt ist: Sie paßt auf die Natur, weil sie die Weise widerspiegelt, in der wir uns selbst in der Natur befinden, deren integrale Bestandteile wir sind. Unsere intellektuellen Mechanismen – einschließlich der Mathematik – passen auf die Natur, weil sie selbst Produkt natürlicher Vorgänge sind, vermittelt durch die kognitiven Prozesse eines intelligenten Lebewesens, das seine Intelligenz verwendet, um seine Interaktion mit einer Natur zu lenken, in welche es selbst auf besondere Art und Weise eingepaßt ist.

Man sollte festhalten, daß die Mathematik einer astronomisch entfernten Zivilisation, deren Erfahrungsmodi sich von den unseren unterscheiden, sich sehr wohl wesentlich von der uns bekannten Mathematik unterscheiden könnte. Ihr Umgang mit kollektiven Mannigfaltigkeiten könnte gänzlich anumerisch sein – rein komparativ zum Beispiel statt quantitativ, insbesondere dann, wenn ihre Umgebung nicht ausreichend mit festen Objekten oder stabilen Strukturen ausgestattet ist, die sich für Messungen eignen. Wenn sie zum Beispiel quallenartige Geschöpfe wären, die in einer Art „Bio-Suppe" herumschwimmen, könnte ihre „Geometrie" recht absonderlich ausfallen. Sie wäre wohl weitgehend topologisch und nicht auf fixe Größen oder Gestalten, sondern eher auf flexible Strukturen ausgerichtet. Digitales Denken hätte sich möglicherweise gar nicht entwickelt, während gewisse Arten analogen Denkens zu hoher Subtilität gelangt sein könnten. Wenn die intelligenten Aliens nun auch noch diffuse Agglomerate von Einheiten wären, die auf eine Weise Ganzheiten formen, die Überlappungen zuläßt, dann könnten in ihrem Denken die sozialen Begriffe so dominierend werden, daß die Natur von ihnen durchgängig unter im Grunde sozialen Kategorien betrachtet würde, so daß diejenigen Aggregate, welche wir als *physikalische* Strukturen denken, von ihnen in *sozialen* Begriffen verstanden würden. Sie könnten vielleicht durch irgendeine Art „Telepathie" miteinander kommunizieren, die mit verschiedenen Düften oder sonstwie „exotischen" Signalen arbeitet, und so zum Beispiel eine komplexe Theorie empathetischer Gedankenwellenübertragung durch einen ideentragenden Äther entwickeln. Ihre mathematischen Begriffe könnten in der Tat auf ganz anderen Vorgängen beruhen als die unsrigen.

Zugegeben, die Mathematik ist keine Naturwissenschaft, sondern eine Theorie hypothetischer Möglichkeiten. Trotzdem sind diese Möglichkeiten solche, die Wesen entwerfen, die ihre Möglichkeitsentwürfe mit einem naturentwickelten und naturwüchsigen Geist machen. Deshalb ist es nicht überraschend, daß die Art Mathematik, wie wir sie ersinnen, eben die Art Mathematik ist, die wir zur begrifflichen Durchdringung der Natur brauchbar finden. Schließlich haben die intellektuellen Mechanismen, die wir ausbilden, wenn wir uns mit der Welt verständigen – indem wir sinnliche Interaktion mit der Natur in verständliche Erfahrung umwandeln – selbst (unter anderem) den Aspekt an sich, Mittel der Natur zu sein, die ein von ihr gänzlich abhängiges Lebewesen an ihre Beschaffenheit anpaßt.

Daß der menschliche Geist die Welt mit seinen begrifflichen Mitteln verstehen kann, ist ebensowenig wunderbar, wie daß das menschliche Auge sie mit seinen physiologischen Mitteln sehen kann. Der entscheidende Schritt besteht in der Einsicht, daß die Frage „Warum passen unsere begrifflichen Methoden und Mechanismen auf ‚die wirkliche Welt', mit der wir intellektuell interagieren?" im Grunde auf dieselbe Weise beantwortet werden kann wie die Frage: „Warum passen unsere körperlichen Vorgänge und Mechanismen auf die Welt, mit der wir physisch interagieren?" In keinem Fall kommen wir einzig mit rein theoretischen Gründen für ein allgemeines Prinzip voran. Beiden Problemen ist gemeinsam, daß sie im wesentlichen in evolutionären Begriffen gelöst werden müssen. Daß unsere Geister die Beschaffenheit der Natur begreifen können, ist nicht überraschender als die Tatsache, daß unsere Augen sich die natürlichen Strahlen aufnehmen können oder unsere Mägen die natürliche Nahrung. Wie wir von Beginn an feststellten, kann der Druck der Evolution für dies alles verantwortlich gemacht werden: Es gehört zum Ganzen dessen, was zur Eroberung unserer Nische in der Ordnung der Naturdinge erforderlich war. Es ist nichts „Wunderbares" oder „Zufälliges" an unserem Besitz effizienter kognitiver Vermögen und Vorgehensweisen – einer effektiven „Hardware" und „Software" zu produktiver Forschung. Hätten wir solche Fähigkeiten nicht, würden wir eben nicht als forschende Geschöpfe existieren, die aufgrund evolutionärer Prozesse ihren Platz in der Natur haben.

Außerdem können durch die Evolution entstandene intelligente Lebewesen gar nicht anders, als ihre Welt für mathematisch elegant zu halten, wenn sie mit ihren Forschungen in die richtige Richtung vorstoßen. Denn eben dieselben Kräfte, die bei der Gestaltung der physischen Natur am Werk sind, sind auch bei der Gestaltung unserer Körper und Gehirne am Werk und sorgen für die Reize, die auf unsere Sinne und Geister einwirken. Diese Interaktionen zwischen Denken und Welt sind es, die unseren Sinn für Ordnung und Schönheit – für Regelmäßigkeit, Symmetrie, Ökonomie und Eleganz – ausbilden. Die Ordnungsstrukturen, die die Aufmerksamkeit mathematisierender Theoretiker auf sich ziehen, die an Strukturen interessiert sind – jene Begriffe, die ihre Vorstellungen von schönen Theorien formen – sind somit, was wenig überraschend ist, ebenso in der Natur am Werk, innerhalb derer diese Begrifflichkeiten entstehen. Der Evolutionsdruck bringt den Geist mit seiner Umwelt in Einklang. Ebenso wie es in unserer Art liegt, gesunde Nahrung schmackhaft zu finden und Aktivitäten, die für die Reproduktion vorteilhaft sind, angenehm, so muß die der Natur inhärente Ordnung und Struktur sich für unseren mathematischen Sinn von Eleganz und Schönheit als harmonisch erweisen. Die mathematischen Mechanismen, die wir für das Verstehen der landläufigen Merkmale der Dinge verwenden, reflektieren die Struktur unserer *Erfahrung*.

Trotzdem könnte es vielleicht der Fall sein, daß wir mit der Mathematisierung der Natur nur insofern erfolgreich sind, als die unmittelbare lokale Mikroumwelt, die unsere besondere beschränkte ökologische Nische ausmacht, betroffen ist. Es bleibt weiterhin die Möglichkeit offen, daß wir uns nur auf einen kleinen und peripheren Teil eines weiten und undurchdringlichen Ganzen einen kognitiven Zugriff verschaffen. Und deshalb kann der einseitige Beitrag des Menschen zur Intelligibilität der Natur, was den Erfolg der Wissenschaft angeht, nicht die *ganze* Geschichte sein. Denn selbst wenn wir in Anbetracht unserer eigenen unmittelbaren evolutionären Erfordernisse einigermaßen zurechtkommen, könnte dies in einem größeren Zusammenhang immer noch äußerst unangemessen sein. Die Empfänglichkeit der Natur für unsere kognitiven Anstrengungen gilt es noch zu erklären – die Tatsache, daß die Natur *ihrem Wesen nach* und nicht nur *einigermaßen* (und vielleicht nur ganz am Rande) der Vernunft zugänglich ist.

Um diese Frage zu klären, müssen wir also dazu übergehen, den Beitrag zu betrachten, den die Natur zu dem bilateralen Verhältnis von Geist und Natur leistet.

Die Seite der Natur

Für unsere gegenwärtigen Ziele muß erklärt werden, warum die Mathematik nicht nur von einem *gewissen* Nutzen ist zum Verständnis der Welt, sondern tatsächlich *ganz wesentlich* von Nutzen – daß ihre Verwendung intelligenten Forschern dazu verhilft, Naturvorgänge angemessen und genau zu begreifen. Deshalb müssen wir in das Problem der Zugänglichkeit der Natur für die Forschung und ihre Offenheit für die Spürsonden der Intelligenz tiefer eindringen.

Daß die Mathematik effektiv zur Beschreibung der Natur verwendet werden kann, verdankt sich in nicht geringem Umfang der Tatsache, daß wir unsere Mathematik tatsächlich so eingerichtet haben, daß sie unter Vermittlung der Erfahrung auf die Natur paßt. Doch eine Tatsache bleibt bestehen: Wenn ein forschendes Wesen, das seinen Platz innerhalb der Natur hat und seine mathematisierten Begriffe und Überzeugungen über sie auf der Basis physischer Interaktion mit ihr bildet, wenn ein solches Wesen also einen ziemlich angemessenen Zugang zu ihrer Arbeitsweise finden sollte, dann muß auch die Natur „ihren Teil dazu beitragen" – sie muß entsprechend kooperativ sein. Wenn die erwähnte Annahme statthaft ist, muß die Natur offensichtlich die Evolution forschender Wesen zulassen. Wenn das der Fall sein soll, muß sie diese Lebewesen mit einer Umwelt konfrontieren, die hinreichend stabile Muster aufweist, um kohärente „Erfahrung" möglich zu machen, und sie so in die Lage setzen, aus jenen strukturierten Interaktionen, die in der Natur weitgehend vorherrschen, richtige *Informationen* abzuleiten. Der Beitrag der Natur zur mathematischen Intelligibilität der Natur muß demgemäß im Vorkommen einer relativ einfachen und gleichförmigen Gesetzesstruktur liegen – einer Struktur, die eine Menge von Regelmäßigkeiten so unkompliziert entfaltet, daß man selbst von einer Gemeinschaft von Forschern, denen bloß bescheidene Fähigkeiten zu Gebote stehen, erwarten kann, daß sie eine recht gute Vorstellung von den in ihrer Umwelt ablaufenden Vorgängen erzielen.

Aber wie kann man sicherstellen, daß die Natur – in Beziehung auf unsere Annahmen – eine ziemlich einfache Gesetzesstruktur geradezu haben „*muß*"? Gibt es irgendwelche fundamentalen Gründe, warum die Welt, die wir unter Gebrauch unserer mathematisch gebildeten Intelligenz erforschen, nach relativ einfachen Prinzipien funktionieren sollte, die sich mathematischer Beschreibung bereitwillig fügen?

Es gibt sie tatsächlich. Denn in einer Welt, in welcher Intelligenz durch irgend etwas wie die üblichen *Evolutions*prozesse entsteht, muß die Interaktion von Organismus und Natur, welche die organische Spezies produziert und erhält, von Regularitäten und Periodizitäten durchdrungen sein. Und dies bedeutet, daß die Natur auf ganz bestimmte Weise kooperativ sein muß: Sie muß ausreichend stabil, regelmäßig und strukturiert sein, damit es richtige Antworten auf Naturereignisse geben kann, die von den Geschöpfen „gelernt" werden können. Wenn solche „angemessenen Reaktionen" entwickelt werden sollen, muß die Natur in sinnvoll strukturierter Weise für passende Reize sorgen. Eine organisch belebbare Umwelt – von einer *erkennbaren* zu schweigen – muß erfahrbare Strukturen aufweisen. Es muß in der Natur regelmäßige Ereignismuster geben, die selbst einfache, einzellige Lebewesen in ihr Rüstzeug aufnehmen und in ihrem *modus operandi* reflektieren können. Selbst die bescheidensten Organismen, wie Schnecken und selbst Algen, müssen so vorgehen, daß gewisse *Reiztypen* (Muster wiederkehrend unterscheidbarer Eindrücke), die entsprechenden angemessenen *Reaktionstypen* hervorrufen, sodaß solche Organismen in ihrer natürlichen Umgebung ein strukturiertes Muster „aufspüren" und in einer Art darauf reagieren können, die sich, evolutionär betrachtet, für sie als vorteilhaft erweist. Selbst die einfachsten Geschöpfe der Natur können ihre Existenz nur so behaupten, daß sie in einem Meer aufspürbarer Regelmäßigkeiten schwimmen – Regelmäßigkeiten von der Art, die dem Zugriff von Intelligenz leicht zugänglich sein wird. Ihre Welt muß direkt „lernbare" Ereignismuster und -periodizitäten in ihre Vorgänge eingebaut haben – mit anderen Worten: relativ einfache Gesetze.

Demnach *muß* eine Welt, in welcher sich durch evolutionäre Prozesse Intelligenz entwickeln kann, auch – auf dieser Grundlage – eine Welt sein, die für ein Verständnis in mathematischen Begriffen offen ist.⁴³ Sie muß eine Welt sein, deren erkennende Wesen vieles finden, was auf ihre Begriffe paßt, wenn sie sich darum bemühen, die Welt zu „verstehen". Galileo kam vor langer Zeit dieser Einsicht nahe, als er in seinen *Dialogen* schrieb: „Anfangs ordnete die Natur die Dinge nach *ihrer* Weise, und anschließend bildete sie den menschlichen Verstand, so daß er fähig sein würde, sie zu verstehen."⁴⁴ Freilich hat die Natur den mathematisierenden Geist durch evolutionäre Prozesse hervorgebracht.

Die Entwicklung von *Leben* und später von *Intelligenz* in der Welt kann unvermeidlich sein oder nicht, das Auftreten intelligenter Geschöpfe auf der Bühne der Welt kann an sich und als solches überraschend sein oder nicht. Doch wenn sie einmal da sind und wenn wir einmal erkennen, daß sie dank evolutionärer Prozesse dorthin gekommen sind, kann man es nicht mehr als überraschend ansehen, daß ihre Bemühungen bei der Beschreibung der Welt mit mathematischen Mitteln im wesentlichen erfolgreich sein sollten. *Eine Welt, in welcher durch die Wirkungsweise evolutionärer Prozesse intelligente Geschöpfe auftreten, muß eine intelligible Welt sein.*

Nach diesem Gedankengang also läßt die Natur eine mathematische Darstellung nicht nur deshalb zu, weil sie Gesetze hat – ein *Kosmos* ist –, sondern auch weil sie als evolutionsgestattende Welt viele *relativ einfache* Gesetze haben muß. Und diese relativ einfachen Gesetze müssen da sein, denn, wären sie nicht da, dann wäre die Natur einfach nicht die Art Umwelt, die für eine evolutionäre Entwicklung intelligenten Lebens erforderlich ist. Eine intelligenzhaltige Welt, deren intelligente Geschöpfe diese Intelligenz durch evolutionäre Mittel erworben haben, muß wesentlich in mathematischen Begriffen verstehbar sein.

Der ersichtliche Erfolg menschlicher Mathematik bei der Beschreibung von Natur ist daher keineswegs verwunderlich. Daß sich überhaupt intelligente Geschöpfe evolvieren, kann man für ein Wunder halten oder nicht. Doch anschließend, wenn sie einmal durch die Mittel der Evolution sicher auf der Szene erschienen sind, dann ist es bloß natürlich und erwartungsgemäß, daß sie in der Lage sein sollten, im Projekt des Verstehens der Natur mit mathematischen Mitteln Erfolge zu erzielen. Eine mathematische Intelligenz, die *zu der es durch evolutionäre Mittel gekommen ist*, muß sich aus eben diesem Grund beim Aufspüren der Naturvorgänge als im Wesentlichen erfolgreich erweisen.

Man sollte beachten, daß dieser allgemeine Gedankengang seinem Charakter nach streng hypothetisch und konditional ist. Er behauptet nicht, daß die Welt kraft irgendeiner Art transzendentaler Notwendigkeit einfach genug sein muß in ihrer Vorgehensweise, um elegante mathematische Darstellungen zuzulassen. Was sie behauptet, ist vielmehr die schlicht konditionale These, daß die Welt, *wenn* intelligente Geschöpfe in der Welt durch evolutionäre Prozesse hervorgebracht werden, *dann* mathematophil sein muß, so daß verschiedene ihrer Prozesse einer mathematischen Darstellung zugänglich sind.

Es muß aber betont werden, daß diese konditionalisierte Tatsache für unsere gegenwärtigen Zwecke durchaus hinreichend ist. Denn wir stehen vor der Frage, warum wir intelligenten Geschöpfe, die wir auf der Weltbühne vorhanden sind, in der Lage sein sollten, ihre Geschehnisse mit den Mitteln unserer Mathematik zu verstehen. Die konditionale Darstellung, um die es hier geht, reicht völlig hin, um diese besondere Aufgabe zu erfüllen.

Eine kurze Abschweifung empfiehlt sich, um ein mögliches Mißverständnis zu vermeiden. Unsere Argumentation enthält nichts, was man zu Recht so verstehen könnte, daß damit behauptet würde, die Entwicklung von Mathematik sei ein evolutionäres Erfordernis oder Desiderat als solches – die Geschöpfe wären irgendwie gedrängt, eine Mathematik zu entwickeln, weil sie ihnen im Existenzkampf zum Vorteil gereichte. (Diese Idee wäre ein törichter Anachronismus, da man weiß, daß die Evolution Menschen entwickelte, Jahrtausende bevor der Mensch die Mathematik entwickelte.) Es wird nichts weiter behauptet, als daß (1) Intelligenz (unter gewissen Umständen) von evolutionärem Vorteil ist, (2) jedes hinreichend intelligente Geschöpf eine Mathematik (eine Strukturtheorie) entwickeln *kann* und (3) jedes hinreichend intelligente Geschöpf eine Art „Mathematik" entwickeln können muß, wenn es sich in einer Welt befindet, die imstande ist, es mit evolutionären Mitteln entstehen zu lassen. Zu sagen, daß *Intelligenz*, die Vorbedingung von Mathematik, von evolutionärem Vorteil ist, bedeutet nicht, zu behaupten, daß dies auch mit der Mathematik selbst der Fall sei.

Synthese

Ein kurzer Rückblick auf die Ergebnisse der vorstehenden Überlegungen ist angebracht.

Die große Frage der Intelligibilität der Natur hat zwei Seiten:

I. Warum ist der Geist so gut auf die Natur abgestimmt?
II. Warum ist die Natur so gut auf den Geist abgestimmt?

Die vorstehende Diskussion hat nahegelegt, daß die Antworten auf diese Fragen überhaupt nicht so kompliziert sind – jedenfalls nicht auf der Ebene schematischer Wesentlichkeiten. Es geht einfach darum: Der Geist muß auf die Natur abgestimmt sein, da Intelligenz eine verallgemeinerte Führung von Verhalten ist, die sich als natürliches Produkt der Naturvorgänge entwickelt hat. Und die Natur muß zugänglich sein für den Geist, wenn es der Intelligenz gelingt, sich auf spezifisch evolutionärem Weg innerhalb der Natur zu entwickeln.

Damit die Natur intelligibel sein kann, muß daher eine Anpassung bestehen, die auf beiden Seiten Kooperation erfordert. Es besteht eine lehrreiche Analogie zur Entzifferung von Geheimschriften. Wenn A den Code von B entziffern soll, muß eine geeignete wechselseitige Anpassung bestehen. Wenn die Methoden von A zu grob sind, zu sehr aufs Geratewohl, kommt er nicht weit. Aber selbst wenn A recht intelligent und einfallsreich ist, können seine Anstrengungen nicht von Erfolg gekrönt werden, wenn die Verfahrensweisen von B einfach jenseits seiner Fähigkeiten liegen. (Mit der Kryptoanalyse des siebzehnten Jahrhunderts, so gewitzt sie war, käme man keinen Schritt weit, wollte man ihr Untersuchungsinstrumentarium auf einen hochstufigen Marinecode aus dem Zweiten Weltkrieg anwenden.) Wenn analog dazu Geist und Natur zu weit von jeder Anpassung entfernt wären – wenn der Geist zu „unintelligent" wäre für die Komplexität der Natur oder die Natur zu komplex für die Fähigkeiten des Geistes, kämen die beiden einfach nicht zusammen. Dies wäre so, als versuchte man, Shakespeare auf Pidgin-Englisch mit einem Vokabular von fünfhundert Wörtern nachzudichten oder das Funktionieren eines Systems mit zehn Freiheitsgraden unter Verwendung eines kognitiven Mechanismus wiederzugeben, der gerade vier von ihnen speichern kann. Wenn so etwas der Fall wäre, könnte der Geist seine evolutionäre Mission nicht erfüllen. Es wäre für ihn besser, einen Anpassungsprozeß zu vollziehen, der nicht den Weg der Erkenntnis nimmt. So wie jedes Geschöpf, das sich in der Natur entwickelt, eine geeignete physische Anpassung in sie finden muß (eine geeignete Harmonisierung seiner körperlichen Verrichtungen mit seinem materiellen Umfeld), so muß jeder Geist, der sich in der Natur entwickelt, seine geeignete intellektuelle Anpassung an sie finden (eine geeignete Harmonisierung seiner intellektuellen Verfahren mit seinem strukturellen Umfeld). Infolgedessen muß zwischen den mathematisierenden Operationen des Geistes und der mathematischen Struktur der Welt ein entsprechendes Gleichgewicht bestehen.

Die Lösung unseres Problems wurzelt demgemäß in der Kombination zweier Überlegungen: (1) Eine Welt, die das evolutionäre Entstehen von Intelligenz zuläßt, muß (relativ) regelmäßig und einfach sein, d. h. muß mathematophil sein; und (2) eine hinreichend durchschlagende Intelligenz muß in der Lage sein, jede Welt, in der sie dank evolutionärer Mittel Fuß fassen kann, in mathematischen Begriffen zu verstehen. Die Möglichkeit mathematischer Naturwissenschaft kann man demnach durch die Tatsache erklären, daß, im Licht der Evolution, Intelligenz und Intelligibilität welchselseitig koordiniert sein müssen.

Drei Punkte sind hier demnach wichtig:

1. Intelligenz entwickelt sich innerhalb einer Natur, die Leben ermöglicht, weil sie lebendigen Geschöpfen eine gute Weise bietet, mit der Welt zurechtzukommen.

2. Sobald sich einmal intelligente Geschöpfe entwickelt haben, ist es wahrscheinlich, daß ihre kognitiven Anstrengungen einen gewissen Grad der Richtigkeit haben, weil der evolutionäre Druck sie auf die Naturvorgänge ausrichtet.

3. Es sollte nicht überraschen, daß diese Übereinstimmung schließlich eine im wesentlichen effektive mathematische Physik hervorbringt, weil die Struktur der Operationen einer auf evolutionärem Wege Intelligenz erzeugenden Natur relativ einfach sein muß.

Zweifelsohne verlangt diese etwas schematische Erklärung sehr nach Erweiterung und Konkretisierung. Eine lange und komplexe Geschichte der physikalischen und kognitiven Evolution müßte erzählt werden, um sie mit den Details aufzufüllen, die erforderlich sind, um eine solche Erklärung in die wirklich zwingende Form zu bringen. Doch es gibt sicherlich gute Gründe zu hoffen und zu erwarten, daß eine Geschichte dieser Art letztlich erzählt werden kann.

Und dies ist der springende Punkt. Selbst wenn man Zweifel hat hinsichtlich der besonderen Gestalt der evolutionären Geschichte, die wir skizziert haben, bleibt doch die Tatsache bestehen, daß *irgendeine derartige Geschichte* eine vollkommen brauchbare Antwort auf die Frage geben kann, warum die Wege der Natur für uns mittels unserer mathematischen Instrumentarien verständlich sind. Der bloße Tatbestand, daß so etwas im Prinzip möglich ist, zeigt, daß die Frage nicht in das Dunkel eines undurchdringlichen Mysteriums gehüllt werden muß.

Vielleicht gibt es tatsächlich Geheimnisse auf dieser allgemeinen Ebene. Fragen wie „Warum sollte *Leben* in der Welt entstehen?" und, sogar noch grundsätzlicher: „Warum sollte die Welt überhaupt existieren?" kann man als naheliegende Beispiele vorschlagen. Doch sei dem, wie es wolle, das hier behandelte Problem, warum die Natur für uns intelligibel ist und warum diese Intelligibilität sich in einer mathematisch artikulierbaren Physik verkörpern sollte, erweist sich ganz und gar nicht als so geheimnisvoll, geschweige denn wunderbar.

Es gibt einfach keine Notwendigkeit, sich Einstein, Schrödinger und den anderen anzuschließen, die die Intelligibilität der Natur als ein Wunder oder ein Mysterium betrachten, das alles menschliche Verständnis übersteigt. Wenn wir gewillt sind, von der Wissenschaft selbst zu lernen, wie die Natur sich vollzieht und wie der Mensch es anstellt, seine Erkundungen ihrer Vorgänge durchzuführen, dann sollten wir zunehmend in der Lage sein, den Schatten des Unverständnisses von dem Problem zu entfernen, wie es kommt, daß einem Wesen *dieser* Art, das eine Umwelt *jenes* Typs durchforscht und zwar mit den Mitteln *dieser* besonderen evolutionär entwickelten kognitiven und physikalischen Instrumentarien, wie es diesem Wesen also gelingt, zu einer relativ brauchbaren Erklärung dessen zu kommen, wie die Dinge in der Welt ablaufen. Wir sollten schließlich in der Lage sein, es als bloß plausibel zu betrachten und als erwartungsgemäß, daß forschende Wesen in der Natur entstehen sollten und sich in eine Position bringen, von der aus sie beim allmählichen Verstehen der Welt relativ gute Arbeit leisten können. Wir können also einfach

die Wissenschaft selbst betrachten, wenn wir Material suchen, das uns befähigt, zu verstehen, wie Naturwissenschaft möglich ist. Es gibt keinen guten Grund, zu erwarten, daß sie uns in dieser Hinsicht enttäuschen wird.[45]

Zugegeben, jede solche naturwissenschaftlich orientierte Erklärung der Fähigkeit von Wissenschaft, die Welt zu verstehen, ist auf eine Weise zirkulär. Sie erklärt die Möglichkeit unserer Naturerkenntnis auf der Basis dessen, was wir von den Naturprozessen wissen. Ihre Erklärungsstrategie verwendet retrospektiv die Ergebnisse der Naturwissenschaft, um eine Erklärung dessen zu bilden, wie eine effektive Naturwissenschaft möglich ist. Ein solches Vorgehen ist trotzdem *kein* Beispiel eines Teufelskreises, sondern einer gesunden und tüchtigen Selbstgenügsamkeit unseres Wissens, die tatsächlich ein wesentlicher Bestandteil ihres Anspruchs auf Richtigkeit ist.[46] Jedes naturwissenschaftliche Weltbild, das kein Material zur Erklärung des Erfolgs von Wissenschaft selbst bietet, würde einen Mangel in seinem Verständnis der Naturphänomene manifestieren, der auf seine Unrichtigkeit hinweist.[47]

Folgerungen

Doch erklärt eine derartige naturwissenschaftliche Erklärung des Erfolgs der Wissenschaften nicht zu viel? Wird ihre Darstellung der Allgegenwart mathematischer Genauigkeit in den Wissenschaften nicht zu der (offensichtlich problematischen) Konsequenz führen, daß „die Wissenschaft immer recht hat"? Ist das Resultat nicht ein Schlag ins Gesicht unserer historischen Erfahrung der Fehlbarkeit der Wissenschaften?

Keineswegs! Es ist ein Glückszufall (und evolutionstheoretisch äußerst relevant), daß wir innerhalb der Natur so plaziert sind, daß viele „falsche" Wege zu dem „richtigen" Ziel führen, daß unzuverlässige Mittel uns oft zu erkenntnistheoretisch befriedigenden Ergebnissen führen. Wäre die Natur ein Kombinationsschloß, wo wir es einfach „hinkriegen müßten" – und zwar *genau* richtig –, um beim Verwirklichen unserer Überzeugungen erfolgreich zu sein, dann wären wir einfach nicht hier. Die Evolution ist kein Argument, das völlig eindeutig für die Richtigkeit unserer kognitiven Bemühungen spricht. Im Gegenteil, richtig verstanden ist sie ein Indikator für unsere Fähigkeit zu irren und „damit durchzukommen". Zugegeben, der Anwendungserfolg spricht für *eine gewisse* Übereinstimmung gedankengeleiteter Handlung mit „der wirklichen *Natur* der Dinge", doch nur gerade so weit, daß wir zurechtkommen, ohne mit unseren Fehlern allzu strenge Strafen auf uns zu ziehen.

Der Erfolg von Naturwissenschaft sollte in gewisser Weise in Analogie zu dem Erfolg des Durstigen verstanden werden, der hellen Pampelmusensaft trank, weil er glaubte, es sei Limonade. Er hatte nicht etwa annähernd recht – Pampelmusensaft ist nicht „annähernd" Limonade. Es verhält sich lediglich so, daß seine Überzeugungen nicht derart falsch sind, daß wir annehmen müssen, daß seine vorliegenden Absichten vereitelt würden. Die Defekte, die sie haben, fallen bei den Problemen, um die es gegenwärtig geht, nicht ins Gewicht. Der „Erfolg", um den es hier geht, ist zweifellos nicht gänzlich ungetrübt, sondern gemischt, obgleich wir unter den bestehenden Umständen nicht anders können, als von dem Eindruck auszugehen, daß unsere Wissenschaft sehr erfolgreich ist. Daraus folgt, daß Intelligenz und die „Wissenschaft", die sie erfindet, sich in Begriffen des Anwendungserfolgs auszahlen muß – ungeachtet dessen, ob es ihr gelingt, die Dinge im wesentlichen richtig zu sehen oder nicht.

Entsprechend muß der Anwendungserfolg unserer Wissenschaften nicht damit erklärt werden, daß sie in der Tat die wirkliche Wahrheit erfaßt, sondern indem man davon ausgeht, daß sie das Werk eines kognitiven Wesens ist, das innerhalb einer irrtumstoleranten Umwelt operiert – innerhalb einer Weltsituation, wo selbst solche Theorien, die ihrer Substanz nach „völlig danebenliegen", von einem Anwendungserfolg gekrönt werden. Die Effektivität der Anwendung von Wissenschaft erfordert zweifelsohne *einen gewissen* Grad der Übereinstimmung zwischen unserem Weltbild und der tatsächlichen Ordnung der Welt – doch nur gerade so weit, daß die besonderen Erfolge, von denen hier die Rede ist, sich ergeben konnten. Deshalb kann man keinerlei Finalitäts- oder Vollendungsbehauptungen für unsere Wissenschaft, so wie sie hier und jetzt ist, aufstellen.

Wir gelangen damit zu einem Bild von der Natur als einem irrtumstoleranten System. Man betrachte nur die hypothetische Situation einer Spezies überzeugungsgeleiteter Geschöpfe, die in einer Umwelt leben, welche stets schwerste Strafen für falsches Verständnis verhängt. Immer wenn das Geschöpf den kleinsten Fehler macht – den geringsten kleinen kognitiven Fehltritt – Zack!, schon ist es tot! Unsere Hypothese ist nicht haltbar: jedes derartige Geschöpf wäre schon vor langer Zeit ausgerottet worden. Ihm könnte es nicht einmal gelingen, lange genug zu überleben und sich zu reproduzieren, um durch Versuch und Irrtum etwas über seine Umwelt zu lernen. Wenn die Welt eine Heimat für intelligente Wesen sein soll, die sich durch die Evolution in ihr entwickeln, dann muß sie gutmütig sein: sie muß irrtumstolerant sein. Denn wäre die Natur nicht nachsichtig gegenüber Irrtümern, könnte sich ein Prozeß aus evolutionären Versuchen und Irrtümern gar nicht vollziehen, und es könnten überhaupt keine intelligenten Organismen entstehen.[48]

Die Evolution garantiert tatsächlich eine wechselseitige Abstimmung von Natur und Geist, doch sie erfordert keineswegs, daß diese Übereinstimmung sehr weitgehend ist. Es ist eines, recht zu haben, und ein anderes, so sehr im Unrecht zu sein, daß man am Verfolg seiner Absichten gehindert wird. Diese Art funktionaler Angemessenheit ist etwas ganz anderes als Wahrheit. Eine solche Perspektive zeigt, daß der Erfolg der Anwendungen unserer derzeitigen Wissenschaft nicht ihre tatsächliche Wahrheit beweist, sondern bloß bedeutet, daß die Fälle (welche auch immer es seien), in welchen sie die Wahrheit verfehlt, sie nicht daran hindern, Erfolg zu haben, daß im betreffenden Kontext ihre Unkorrektheiten unterhalb der Schwelle liegen, über der Fehler bestraft werden.

Entsprechend läßt sich der Erfolg der Wissenschaften gut erklären, ohne daß man dazu unterstellen müßte, sie reiche durchaus an die wirkliche Wahrheit über die Ordnung der Natur. Der Erfolg unserer Naturwissenschaften beweist nicht ihre Richtigkeit, man muß vielmehr sehen, daß die Evolution eine „irrtumstolerante" Natur erfordert, die sich Erfolg trotz Falschheit leisten kann. Könnten nicht in intellektuellen Belangen selbst substantiell irrtümliche Überzeugungen zumindest *anscheinend* erfolgreich sein, dann hätten wir erkennenden Wesen, die durch Versuch und Irrtum aus der Erfahrung lernen müssen, einfach nicht unseren Weg durch den Korridor der Zeit zurücklegen können. Diese entscheidende Tatsache, daß die Evolution eine irrtumstolerante Umgebung erfordert, bedeutet, daß wir den beachtlichen Erfolg mathematisierender Naturwissenschaften erklären können, ohne unhaltbare Behauptungen hinsichtlich ihrer endgültigen Richtigkeit aufzustellen.

Unsere Wissenschaft als *unsere* Wissenschaft

Die Naturwissenschaft bildet nicht die „Realität an sich" ab, sondern liefert uns vielmehr ein Bild von der „Realität, wie sie sich uns präsentiert" – wobei wir Forscher einer ganz bestimmten Art sind, denen eine ganz bestimmte, evolutionsbedingte Position im Zusammenhang der Dinge der Welt zukommt. Unser wissenschaftliches Bild von der Natur ist das Produkt einer Interaktion, in der beide Teile – wir als Forscher und die Natur selbst – *gemeinsam* einen entscheidenden Beitrag leisten. Die forschenden Intelligenzen einer extraterrestrischen Zivilisation könnten ebenfalls Wissenschaft entwickeln. Doch diese wäre nicht notwendig unserer Wissenschaft ähnlich. Sie hätte zwar mit derselben Welt zu tun, doch sie wäre zweifellos in ihrer Formulierungsweise, Gegenstandswahl und Begrifflichkeit von der unseren verschieden. Das Argument „eine Welt – eine Wissenschaft" ist letztlich nicht haltbar. Die von uns betriebenen Naturwissenschaften sind ein menschliches Artefakt, das in entscheidender Hinsicht gerade durch die Tatsache begrenzt sein muß, daß es *unsere* Wissenschaft ist. Die Welt, wie wir sie kennen, ist dementsprechend *unsere* Welt – das Korrelat des Geistes in einem Weltbild, das in charakteristisch menschlichen Verständniskategorien entworfen ist. In unserer empirischen Wissenschaft – die ja das Ergebnis unserer *Erfahrung* von Natur ist – wird sich zumindest teilweise die besondere Beschaffenheit unserer evolutionären Erbschaft wiederfinden lassen. Diese Perspektive leugnet den Realismus nicht, sondern *relativiert* ihn in bezug auf unseren Ort in der Natur. Sie bestreitet nicht die Existenz einer „geistunabhängigen Realität", sondern besteht darauf, daß unsere *Sicht* dieser Realität immer durch Begriffe vermittelt ist, die widerspiegeln, wie diese Realität uns affiziert.

Wissenschaftlicher Relativismus

Es gibt keine angemessene Begründung aus einem allgemeinen Prinzip, warum wir unsere eigene menschlich wissenschaftliche Weltsicht für erkenntnistheoretisch absolut halten sollten, anstatt sie im Sinne der zweiseitig kooperativen Interaktion zu relativieren, die zwischen der Welt und ihren Erforschern stattfindet. Wir müssen beachten, daß selbst in der Erkenntnis Vorgang und Ergebnis wechselseitig verflochten sind – daß unser wissenschaftliches Bild der Natur Ergebnis einer *Interaktion* ist, in der beide Parteien, die Natur und wir selbst, einen gestaltenden Beitrag leisten. Das Ergebnis unserer Naturforschungen ist daher so beschaffen, daß in seiner Gesamtkonstitution die jeweiligen Beiträge der beiden Parteien einfach nicht voneinander getrennt werden können – jedenfalls nicht von uns.

Die Frage „Was ist die zu entdeckende Eigenart der Natur – was sind die auffindbaren *Komponenten* der physikalischen Realität und was sind die erkennbaren *Regelmäßigkeiten*, die sie beherrschen?" bleibt unvollständig und fehlerhaft, solange wir nicht zuerst die Frage beantworten: „Auffindbar und erkennbar *für wen*?" Denn unser Forschungsgegenstand ist so beschaffen, daß er unzertrennlich mit den Hilfsmitteln und Werkzeugen verknüpft ist, die mit der Natur interagieren und die dem Forscher zur Verfügung stehen.

Sicherlich, die Regelhaftigkeiten der Natur sind etwas völlig Reales und von dem Willen und den Wünschen der Forscher Unabhängiges. Und dennoch ist ihre Realität eine *relationale* Realität – eine Sache der Interaktion zwischen der Welt und ihren Erforschern. Wir dürfen daher nicht übersehen, daß unser Wissen von der Welt zu einem unabtrennbaren Teil eine Funktion der Weise unserer evolutionären Annäherung an die Natur ist.

(Empirisch fundierte) Tatsachenbehauptungen, die sich darauf beziehen, wie die Dinge in der Welt laufen, haben immer mit dem Problem der Überprüfung, mit dem Problem von Interaktion bzw. dem Aufspüren dessen zu tun, was von der Natur aus dem Blickwinkel von jemandem, der seinen Ort in ihr hat und der mit einem gewissen Geschick zur Interaktion mit ihr begabt ist, „wahrgenommen" werden kann. Dieser Umstand bestätigt eine gewisse Art von wissenschaftlichem Relativismus. Denn in den Wissenschaften geht es darum, zu erklären, wie in der Welt „die Dinge laufen". Wir können nur das erklären, was wir erkennen können, denn unser Erkenntnisvermögen spiegelt wider, wie wir in die Natur eingebettet sind. Dies bestimmt unvermeidlich selbst die Art wissenschaftlicher Fragestellungen, die wir aufwerfen können und relativiert sie teilweise als ein Merkmal unserer evolutionären Verstrickung in die natürliche Ordnung der Dinge.

Welche Regelmäßigkeiten der Natur von *uns* entdeckt werden können, hängt davon ab, wer *wir* sind. Unsere Wirklichkeit (die Wirklichkeit wie *wir* sie kennen) ist etwas seiner Natur nach auf uns Menschen Relativiertes – von anderen erkennenden Wesen gilt natürlich Entsprechendes. Die Wirklichkeit-wiewir-sie-kennen ist etwas Relationales, während die Wirklichkeit als solche das natürlich nicht ist. (Das Feld der *Tatsachen* ist immer weiter als das des *Wissens*.)

Betrachten wir eine Analogie. Manche Öle ergeben auf einer Wasserlache einen Fleck, der sich auf der gekräuselten Oberfläche um sich selbst dreht. Man stelle sich vor, jemand fragte: „Was ist die Gestalt (oder Konfiguration) von jenem Öl als solchem – an sich und abgesehen von dem Wasser, auf dem es sich befindet?" Wir sind verwirrt. Was kann man darauf nur antworten? Die einzige Gestalt, die da ist, ist jene interaktive Konfiguration, bei deren Gestaltung die Rolle des Wassers in jeder Hinsicht ebenso bestimmend ist wie das Öl selbst. Die jeweiligen Zutaten der beiden Parteien kann man nicht voneinander trennen. Entsprechend ist die „Gestalt unseres Wissens" in den Naturwissenschaften etwas Interaktives, das in jedem Teil ebenso vom evolutionären Medium seiner natürlichen Einbettung wie von der Konstitution der Objekte selbst abhängt. Die Wissenschaften liefern durchaus angemessene Informationen über die Welt, doch daß diese Informationen „angemessen" sind, ergibt sich aus unserem eigenen kognitiven Standpunkt. Unsere empirischen Forschungen liefern uns nicht ein Bild der „Realität an sich", ihr Bild zeigt vielmehr eine Art von „Wirklichkeit, wie sie sich uns

Forschern einer gewissen besonderen Gattung darstellt". Naturwissenschaft ist, in einem wichtigen Sinne, *unsere* Wissenschaft, und sie beschreibt die Realität nicht auf kategorische und absolute Weise, sondern ihre Resultate sind relativ zu dem Forschenden und fallen unterschiedlich aus, wenn zwischen den Forschern und ihrer natürlichen Umwelt unterschiedliche Interaktionsweisen bestehen.

Nach dieser Ansicht führt Forschung zu Ergebnissen, die wesentlich relational sind. Dies heißt nicht, daß es nicht so etwas gibt wie eine eigenständig nichtrelationale Realität. Aber es heißt, daß die Wirklichkeit „*nach unserem Bilde*" ein komplexes Kompositum ist, bei dessen Konstitution wir selbst durch die besonderen Merkmale unserer evolutionären Einstimmung auf die Natur eine unverzichtbare Rolle spielen.

Mit alledem soll nicht dem Skeptizismus das Wort geredet und die Erreichbarkeit ordentlich belegter Information über die Welt geleugnet werden. Vielmehr muß man eine (realistische) Art Relationalismus annehmen – man darf nicht übersehen, daß der *modus operandi* der Forschenden die Art von Information, die ihre Wissenschaft über die Welt zu beschaffen in der Lage ist, immer entscheidend mitbestimmt. Unsere eigene Lage in bezug auf die Zugänglichkeit der Daten und die Fähigkeiten zur Informationsverarbeitung ist zwangsläufig eine Bedingung für das wissenschaftliche Weltbild, zu dem wir schließlich gelangen.

Nicht die *Existenz* „der wirklichen Welt", die eigenständig und geistunabhängig ist, wird aus dieser Perspektive in Frage gestellt, sondern der *Status unseres Wissens* von ihr. Denn es zeigt sich, daß das *Wissen* von der („geistunabhängigen") Wirklichkeit nicht selbst geistunabhängig ist, sondern eine Information über eine forschungsrelative *empirische* Wirklichkeit darstellt. Wir gelangen zu der Ansicht, daß unser Wissen von der Welt aus der charakteristisch menschlichen Perspektive auf die allumfassende Disposition der Dinge in der Natur entwickelt wurde und eine Sichtweise bietet, in der die Wirklichkeit „vom menschlichen Standpunkt" experimentell zugänglich ist. Es ist speziesrelativ, weil die Wirklichkeit, mit der es zu tun hat, *unsere* Wirklichkeit ist – Natur, so wie unser spezielles evolutionär ererbtes kognitives Instrumentarium sie uns entdecken läßt.[49]

Das Problem einer extraterrestrischen Wissenschaft

Aber sind die Naturwissenschaften nicht ganz und gar unabhängig von den jeweiligen Forschern – ein Corpus eigenständiger Fakten, gänzlich losgelöst von den Vorgehensweisen derer, die die Wissenschaften ausüben? Stellen sie nicht ein Ziel dar, zu dem alle (hinreichend gescheiten) forschenden Intelligenzen schließlich übereinstimmend gelangen müssen?

Um diese Idee einer Konvergenz der Forschenden zu beleuchten, wollen wir die Vorstellung betrachten, daß eine Zivilisation außerirdischer Fremdwesen, die auf einem Planeten in irgendeiner weitentfernten Galaxie leben, auch Naturwissenschaften und die Technologien in ihrem Gefolge entwickeln könnte.[50]

Diese scheinbar einfache Annahme ist tatsächlich außerordentlich kompliziert, und ihre Komplexität erstreckt sich nicht nur auf die aktualen oder möglichen betreffenden Tatsachen, sondern außerdem – und das ist entscheidend – so weit, daß die bloße Idee, um die es hier geht, grundsätzlich in Frage gestellt werden kann.

Zunächst einmal ist nicht klar, was es heißt, daß es eine andere Zivilisation geben sollte, die im Besitz von Wissenschaft ist. Man beachte, daß es sich hierbei um eine Frage handelt, die *wir* stellen – eine Frage, die von der Anwendbarkeit *unseres* Terminus „Wissenschaft" ausgeht. Sie dreht sich um das Problem, ob *wir* bereit wären, anzuerkennen, daß das, was jene Fremden tun, eine Weise der Bildung von Überzeugungen (Theorien) darüber ist, wie die Dinge in der Welt ablaufen, ob wir imstande wären, anzuerkennen, daß sie diese Überzeugungen tatsächlich durch Beobachtung oder Experiment testen und sie in praktischen (technologischen) Kontexten anwenden. Wir müssen bereit sein, jene fremdem Geschöpfe als (nichtmenschliche) *Personen* zu akzeptieren, die entsprechend mit Intellekt und Willen ausgestattet sind, und uns insofern auf eine komplexe Reihe von Ansprüchen hinsichtlich ihrer kognitiven Aktivitäten einlassen.

Eine wissenschaftliche Zivilisation zeichnet sich nicht allein durch den Besitz von Intelligenz und sozialer Organisation aus, sondern sie setzt diese Intelligenz und Organisation auch in einer ganz besonderen Weise ein. Dies erzeugt ein recht subtiles Prioritätsproblem, was den Prozeß und das Produkt angeht. Ist die Anforderung an eine Zivilisation, „die eine Wissenschaft hat", in erster Linie eine Frage nach dem tatsächlichen *Gehalt* ihrer Lehren (ihrer Überzeugungsstrukturen und Theoriekomplexe), oder geht es in erster Linie um die *Ziele und Zwecke*, im Hinblick auf welche ihre Lehren gebildet sind (Kontrolle, Voraussage, Erklärung und dergleichen)?

Die Frage nach dem Gehalt läuft darauf hinaus, wie ähnlich ihre wissenschaftlichen Überzeugungen den unseren sind, und wollten wir darauf setzen, wären wir offensichtlich schlecht beraten. Schließlich weisen die Spekulationen der Naturtheoretiker des vorsokratischen Griechenland, unserer ersten Vorfahren im Unternehmen Wissenschaft also, herzlich wenig *inhaltliche* Ähnlichkeit mit den Wissenschaften unserer Tage auf, und der Gehalt der Physik der Gegenwart hat auch nicht mehr besonders viel Ähnlichkeit mit dem der Tage Newtons. Wenn wir jemandem oder etwas einen wissenschaftlichen Status zubilligen wollen, sollten wir lieber in erster Linie das Gewicht auf Fragen des Prozesses und des Zwecks legen und nicht auf Produkte und Ergebnisse.

Entsprechend sollte man sich in der Sache dieser Fremden, „die eine Wissenschaft haben", nicht so sehr mit dem Ausmaß beschäftigen, in welchem ihre *Entdeckungen* den unseren ähneln, sondern mit dem Ausmaß, in welchem ihre *Vorhaben* den unseren ähnlich sind. Die Frage ist, ob sie sich derselben Art rationaler Forschung widmen wie wir – in bezug auf die Art von Themen, die angegangen werden und auf die Weise, in der sie sie angehen. Es geht im Grunde nicht um die *tatsächliche Ähnlichkeit* ihrer „Wissenschaft" mit der unseren, sondern um die *funktionale Äquivalenz* ihrer Projekte mit dem Unternehmen Wissenschaft, wie wir es kennen. Nur wenn sie solche Ziele wie Beschreibung, Erklärung, Voraussage und Kontrolle der Natur verfolgen, werden sie mit Wissenschaft befaßt sein.

Diese Perspektive hat weitreichende Konsequenzen.

Die potentielle Vielfalt von „Wissenschaft"

Es ist erhellend, die Probleme der verschiedenen „Wissenschaften" von dieser Frage her anzugehen: In welchem Ausmaß würde das *funktionale Äquivalent* unserer Naturwissenschaft, so wie die forschenden Intelligenzen einer astronomisch entfernten Zivilisation es gebildet haben, unseren Wissenschaften ähneln müssen? Wenn man dieser Frage bis in ihre Verästelungen nachspürt, kommt man bald zu der Einsicht, daß hier ein enormes Potential für Verschiedenheit existiert.

Erstens könnte die *Ausrichtung* der Wissenschaft einer fremden Zivilisation gänzlich anders sein als die der unseren. Es ist denkbar, daß alle ihre Bemühungen den Gesellschaftswissenschaften gewidmet sein könnten – um z. B. hoch differenzierte Analoga der Psychologie und Soziologie zu entwickeln. Zumal wenn die intelligenten Fremden diffuse Agglomerate von Einheiten wären, deren Zusammenschluß zu Ganzheiten auch Überlappungen zuließe,[51] dann könnte die Rolle sozialer Begriffe für sie so dominierend werden, daß sie die Natur grundsätzlich unter sozialen Kategorien betrachten, wobei jene Aggregate, die wir als physikalische Strukturen denken, von ihnen in sozialen Begriffen verstanden würden. Demgemäß könnte ihre Naturwissenschaft Erklärungsmechanismen einsetzen, die von denen, die wir verwenden, sehr verschieden sind. Würden sie mit einer Art „Telepathie" kommunizieren, die mit variablen Düften oder anderen „exotischen" Signalen arbeitet, könnten sie zum Beispiel eine komplexe Theorie empathetischer Gedankenwellenübertragung durch einen ideentragenden Äther entwickeln.

Ferner könnte ihre Naturwissenschaft auf ganz anderen Mechanismen aufgebaut sein als die unsere. Elektromagnetische Phänomene könnten ganz außerhalb des Erfahrungsbereichs abweichender Lebensformen liegen: Wenn ihre äußere Umgebung keinen Magneteisenstein und keine elektromagnetischen Stürme enthält, bietet sich ihnen vielleicht niemals die Gelegenheit, eine Theorie des Elektromagnetismus zu entwickeln. Der Verlauf wissenschaftlicher Entwicklung hat die Tendenz, der Ausrichtung praktischer Interessen zu folgen. Eine Gesellschaft von Tümmlern könnte die Kristallographie entbehren, dafür aber eine hochdifferenzierte Hydrodynamik entwickeln. Eine Gesellschaft von maulwurfartigen Geschöpfen würde möglicherweise von Optik oder Astronomie nicht einmal träumen. Sprache und Denkprozesse sind notwendigerweise eng mit der Erfahrungswelt gekoppelt. Das zeigen bereits die Schwierigkeiten, die uns selbst bei dem Versuch begegnen, die Sprache der Alltagserfahrung auf subatomare Phänomene anzuwenden (unsere Begriffe passen schlecht auf Facetten der Natur, die in Maß oder Struktur von den unseren verschieden sind). Wir können wohl kaum eine „Wissenschaft" erwarten, die solche lokal begrenzten Voreingenommenheiten als universale Richtmaße wiedergibt. Die Interessen von Wesen, die unter dem unerbittlichen Evolutionsdruck der Anpassung an ganz andere – und grenzenlos variable – Umweltbedingungen stehen, wird zweifellos in Richtungen gehen, die von allem uns Vertrauten sehr verschieden sind.

Gesetze sind auffindbare Regelmäßigkeiten in der Natur. Doch ihre Entdeckung variiert natürlich drastisch mit den Beobachtungsmethoden – das heißt, mit der Art der Hilfsmittel, verschiedenen Geschöpfen für ihr Entdekken zur Verfügung stehen. Alles hängt davon ab, wie die Natur auf die Sinne eines Geschöpfes und deren instrumentelle Verlängerungen zurückwirkt. Selbst wenn wir alles erkennen sollten, was wir möglicherweise entdecken können, wären wir immer noch sehr weit davon entfernt, alles im Griff zu haben, was für andere zugänglich ist (und die Umkehrung davon gilt auch). Da die Gesetze, die wir finden, die Arten von Daten widerspiegeln müssen, an die wir herankommen können, werden die Gesetze, deren Formulierung uns (oder sonst jemandem) gelingt, entscheidend von dem jeweiligen Platz innerhalb der Natur abhängen – sozusagen davon, wie man mit ihrem Schaltdiagramm verbunden ist.

Überlegungen zur Stützung dieser Position wurden von sehr verschiedenen Standpunkten aus vorgebracht. Ein Beispiel ist ein Gedankenexperiment, das im vorigen Jahrhundert Georg Simmel vorgeschlagen hat. Man soll sich eine von der unseren völlig verschiedene Art vernunftbegabter Wesen vorstellen: intelligente und aktiv forschende Geschöpfe (Tiere oder Wesen aus fremden Galaxien), deren Erfahrungsweisen wesentlich von unseren abweichen.[52] Ihre Sinne reagieren auf physikalische Einflüsse ganz anders: sie sind beispielsweise für Hitze und Licht verhältnismäßig unempfänglich, aber für verschiedene elektromagnetische Phänomene ganz besonders sensibel. Simmel meinte, von solchen intelligenten Geschöpfen könnte man plausiblerweise annehmen, daß sie sich innerhalb eines signifikant abweichenden Musters empirischer Begriffe und Kategorien bewegen. Die Ereignisse und Objekte der Welt ihrer Erfahrung dürften von denen unserer eigenen Welt äußerst verschieden sein: zum Beispiel könnten ihre phänomenologischen Prädikate gänzlich andere deskriptive Bereiche umfassen. In ähnlichem Sinne schrieb William James:

Wenn wir Hummer oder Bienen wären, dann könnten wir durch unsere Organisation dazu gebracht worden sein, für die Bearbeitung unserer Erfahrungen ganz andere Methoden auszubilden. Es wäre aber auch möglich (wenigstens könnten wir es nicht ohne weiteres leugnen), daß solche Kategorien, die wir uns gar nicht vorstellen können, sich zur Bearbeitung unserer Erfahrung als ebenso brauchbar erwiesen hätten, wie die, die wir jetzt anwenden.[53]

Die Wissenschaft einer anderen Zivilisation wäre zwangsläufig eng an das spezielle Muster ihrer Interaktion mit der Natur gebunden, wie es sich durch den besonderen Verlauf der evolutionären Anpassung an ihre spezifische Umwelt ergeben hat. Die „Formen der Sinnlichkeit" radikal anderer Wesen (um auf Kants hilfreichen Gedanken anzuspielen) sind wahrscheinlich radikal verschieden von unseren eigenen. Die unmittelbare chemische Analyse von Substanzen ihrer Umwelt könnte sich als äußerst nützlich erweisen; bioanalytische Techniken ähnlich unserem Geschmacks- und Geruchssinn könnten sehr hoch entwickelt sein und ihnen „Erfahrungen" ihrer chemischen Umgebung vermitteln, die von den unseren sehr weit abweichen.

Darüber hinaus könnte eine außerplanetarische Wissenschaft sich auch in der *Begriffsbildung* sehr stark von unserer unterscheiden. Denn wir müssen auch mit der Möglichkeit rechnen, daß eine entfernte Zivilisation in ihrem erkennenden Umgang mit der Natur mit einem völlig anderen Begriffssystem arbeitet. Bereits andere Kulturen und andere intellektuelle Traditionen müssen ihre Erfahrung – ihre Welt, wie sie sie begreifen – unter Verwendung von Begriffen und Verständniskategorien beschreiben, die wesentlich anders sind als unsere. Das gilt natürlich für Geschöpfe anderer Art erst recht. Was die Deutschen ihre *Denkmittel* nennen – die begrifflichen Instrumente, die sie verwenden, um über die Tatsachen (oder angeblichen Tatsachen) der Welt nachzudenken –, würde bei ihnen völlig anders sein. Man könnte dementsprechend von ihnen sagen, daß sie mit anderen begrifflichen Schemata, mit anderen gedanklichen Werkzeugen arbeiten, wenn sie ihrer Erfahrung „einen Sinn abgewinnen" – wenn sie die Gegenstände, die in der Welt ihrer Sicht vorkommen, darstellen, beschreiben und erklären. Die Klassifizierungs- und Erklärungsmechanismen, mittels welcher sie ihr Erkenntnisgeschäft verrichten, könnten so entschieden von den unseren abweichen, daß es schwierig oder unmöglich wäre, intellektuell mit ihnen Kontakt aufzunehmen.

Um diese Position zu klären, betrachten wir die Analogie zwischen *Wahrnehmung* und *Begriff* [perception and conception]. Es ist klar, daß es keine „einzig korrekte und angemessene" Wahrnehmungsweise gibt. Verschiedene Arten von Lebewesen haben sehr verschiedene Arten von Sinnen und nehmen die Welt mit ihren Mitteln sehr verschieden wahr. Im Falle der Begriffe befinden wir uns in vieler Hinsicht in einer ähnlichen Lage. Auch die Begriffsbildung kann offenbar auf sehr verschiedene Weisen geleistet werden. Freilich endet die Analogie an einer wichtigen Stelle. Begriffe ermöglichen es uns, über den Bereich unserer Wahrnehmung hinauszugehen und befähigen uns als menschliche Wissenschaftler, zu beschreiben, wie ganz verschiedene Arten von Geschöpfen die Welt sinnlich erfassen können – d. h. wie sie, auf andere Weise als wir, daran gehen, in physischen Interaktionen ihre Umwelt darzustellen. Wir können ihren *sinnlichen* Bezugsrahmen innerhalb unseres *begrifflichen* Bezugsrahmens darstellen. Mit der Begrifflichkeit selbst können wir das nicht. Es gibt keinen überbegrifflichen Blickpunkt, von dem aus *wir* (in jedem Fall) vergleichen und gegenüberstellen könnten, wie sehr andere Arten von Lebewesen die Welt vielleicht anders begreifen als wir. Es ist eine fast triviale Wahrheit, doch aus eben dem Grund immer noch eine Wahrheit, daß wir selbst *jede* Art von Begriffen unweigerlich in *unseren* Begriffen verstehen müssen. (Begriffe, die wir uns einmal angeeignet haben, machen wir *ipso facto* zu den unseren.) Doch diese Abweichung von der Analogie verstärkt nur den Punkt, um den es hier geht – nämlich, daß nichts an *unserer* Weise, die Welt begrifflich zu erfassen, notwendig feststeht und daß wir keine andere Wahl haben als anzuerkennen, daß verschiedene Arten von Geschöpfen die Sache sehr unterschiedlich handhaben könnten.

Ein Vergleich der „Wissenschaften" verschiedener Zivilisationen hier auf der Erde legt nahe, daß es keine allzu weit hergeholte Hypothese ist, anzunehmen, daß selbst die *Themen* fremder Wissenschaften dramatisch von denen der unseren abweichen könnten. In unserem eigenen Fall zum Beispiel ist die Tatsache, daß wir (anders als die Wale) auf der Erdoberfläche leben, die Tatsache, daß wir (anders als Würmer) Augen haben und den Himmel also *sehen* können, die Tatsache, daß in unserer Situation die jahreszeitlichen Positionen der Himmelskörper auf das engste mit der Landwirtschaft verbunden sind, sind alle diese Tatsachen also offensichtlich mit der Entwicklung der Astronomie verbunden. Die Tatsache, daß jene entfernt lebenden Geschöpfe die Natur auf völlig andere Weise erfahren würden als wir, bedeutet, daß man von ihnen erwarten kann, daß sie ganz andere Fragen stellen. In der Tat könnte die Art und Weise, wie sie in der Natur positioniert sind, so von der unseren verschieden sein, daß ihre Aufmerksamkeit dadurch auf völlig andere Aspekte oder Bestandteile des Kosmos gerichtet würde. Wenn die Welt hinreichend komplex und vielgestaltig ist, könnten sie sich auf Aspekte ihrer Umwelt konzentrieren, die für uns gar nichts bedeuten, und das Ergebnis wäre, daß ihre Naturwissenschaften in ganz andere Richtungen orientiert sind als unsere.[54]

Erkenntnistheoretiker betonen oft, daß Leute, deren Welterfahrung von der unseren wesentlich abweicht, sie auch in ganz andere Begriffe fassen müssen. Die Soziologen, die Anthropologen und die Linguisten sagen in etwa ähnliches, und in jüngster Zeit sind auch Wissenschaftstheoretiker dahin gekommen, sich in gleicher Weise zu äußern.[55] Und dieser allgemeine Standpunkt hat sicher viel für sich. Es ist klar (oder sollte klar sein), daß es keinen einfachen, einzigartigen, ideal angemessenen Begriffsrahmen für „die Beschreibung der Welt" gibt. Der Botaniker, der Gärtner, der Landschaftsarchitekt, der Bauer und der Maler werden von verschiedenen kognitiven „Gesichtspunkten" aus darangehen, ein und denselben Gemüsegarten zu beschreiben. Es ist reine Mythologie, zu denken, die „Naturphänomene" führten von sich aus schon zu *einem* bestimmten korrekten Beschreibungsstil und *einer* korrekten Begrifflichkeit. Es gibt sicherlich keine „ideale wissenschaftliche Sprache" mit einem privilegierten Status zur Charakterisierung der Wirklichkeit. Wie wir es selbst im Fall der Mathematik bemerkt haben, müssen verschiedene Arten von Lebewesen zur Darstellung ihrer Erfahrung verschiedene Begiffsschemata verwenden. Wer auf der grundlegenden Einzigartigkeit der Wissenschaft besteht, verfällt „dem Mythos vom Blick mit dem Auge Gottes". Verschiedene Erkenntnisperspektiven sind möglich, keine von ihnen ist adäquater oder korrekter als irgendeine andere, es sei denn im Hinblick auf die Ziele und Zwecke ihrer Benutzer.

Solange man die Grundkategorien zur Beschreibung der Erfahrung – die Modi von Räumlichkeit und Zeitlichkeit, struktureller Beschreibung, funktionaler Verknüpfung und erklärenden Verstehens – solange man diese nicht als notwendige Merkmale von Intelligenz als solcher ansieht, sondern als entwicklungsabhängige Anpassungen des Erkenntnisapparats an besondere kontingent entstandene Weisen der Positionierung in der Natur und der Interaktion mit ihr, solange gibt es keinen Grund, Einheitlichkeit zu erwarten. Die Wissenssoziologen sagen uns, daß selbst für uns Menschen hier auf der Erde unsere westliche Wissenschaft bloß eine von vielen konkurrierenden Weisen ist, die Vorgänge in der Welt zu begreifen. Und wenn man sich in den Weltenraum hinausbewegt, werden die Aussichten auf Vielfalt buchstäblich grenzenlos.

Die Idee begrifflich unterschiedlicher Wissenschaften kann man sich gut klarmachen, wenn man das Problem in zeitlichen statt in räumlichen Begriffen darstellt. Die beschreibende Charakterisierung einer *fremden* Wissenschaft ist ein Projekt, das in seiner Schwierigkeit dem Projekt einer Beschreibung unserer eigenen *zukünftigen* Wissenschaft eng verwandt ist. Es ist eine Grundtatsache des Lebens, daß wissenschaftlicher Fortschritt ein Prozeß *ideativer*

Erneuerung ist, der immer gewisse Entwicklungen außerhalb des intellektuellen Horizontes früherer Arbeiten plaziert. Die Begriffe, in denen wir denken, werden selbst erst im Verlauf wissenschaftlicher Entdeckungen zugänglich. Wie von der Wissenschaft einer entfernten Zukunft muß man von der Wissenschaft entfernter Intelligenzen annehmen, sie sei so geartet, daß wir auf der Basis unserer eigenen Position hinsichtlich des kognitiven Zusammenhangs der Dinge wirklich keinen gedanklichen Zugang zu ihr finden können. Genauso wie uns die Technologie einer weiter fortgeschrittenen Zivilisation wie Zauberei vorkommen würde, so würde uns sicher ihre Wissenschaft als ein unverständliches Kauderwelsch erscheinen – bis wir sie „von Grund auf" erlernt hätten. Sie könnten (gerade noch) in der Lage sein, uns diese Wissenschaft zu *lehren*, aber sie könnten sie uns nicht *erklären*, indem sie sie in unseren eigenen Begriffen ausdrückten. Wenn sie in der Formulierungsweise, in der Ausrichtung auf ihre Gegenstände und in der Begrifflichkeit radikal von der unseren abweicht, könnte ihre Wissenschaft durchaus etwas sein, das wir gar nicht erst als solche erkennen könnten.

Das Argument „Eine Welt – eine Wissenschaft"

Der Autor eines Buchs über extraterrestrische Intelligenz stellt die Frage: „Worüber können wir uns mit unseren fernen Freunden unterhalten?" und antwortet mit der Bemerkung: „Wir haben eine Menge gemeinsam. Wir haben Mathematik, Physik und Astronomie gemeinsam."[56] Ein anderer Autor behauptet: „Es gelingt uns vielleicht nicht, ihre Musik zu genießen, ihre Dichtung zu verstehen oder ihre Ideale gutzuheißen, aber wir können uns über Themen von praktischem und wissenschaftlichem Interesse unterhalten."[57] Aber ist das wirklich so einfach? Der geniale Christiaan Huygens schrieb vor dreihundert Jahren in bezug auf seine hypothetischen Planetarier:

Wenn man nun aber diesen Bewohnern anderer Planeten eine Art von Vernunft zugesteht, so ist noch zu fragen, ob das, was wir Vernunft nennen, bei ihnen und bei uns dasselbe ist. Daß dem so ist und anders gar nicht sein kann, wird man sicher sagen müssen, sei es, daß wir den Gebrauch der Vernunft betrachten in Sachen der Moral und der Gerechtigkeit oder aber im Hinblick auf die Prinzipien und Grundlagen der Wissenschaft. [...] Könnte es anderswo eine von dieser unseren verschiedene Vernunft geben? Würde man auf dem Jupiter oder Mars das, was man bei uns für gerecht und ausgezeichnet hält, als ungerecht und frevelhaft ansehen? Dies ist gewiß weder wahrscheinlich noch überhaupt möglich. Wenn man nämlich der Führung der Vernunft, wie wir sie hier verstehen, bedarf, um Leben und Gesellschaft zu bewahren – wir werden zeigen, daß auch die Bewohner anderer Planeten in Gesellschaft leben –, so würde sich, falls vernunftwidrige Einrichtungen eingeführt würden, Verfall und Zerstörung derjenigen ergeben, die mit solch einer verkehrten „Vernunft" ausgestattet wären. Nun ist es aber immer und überall das Ziel des Schöpfers aller Dinge, seine Geschöpfe zu erhalten. Wenn auch die Geistes- und Gemütsverfassung dieser Bewohner entfernter Welten bis zu einem gewissen Grad verschieden ist von unserer eigenen, [...] so läßt sich gleichwohl nicht daran zweifeln, daß hinsichtlich der Untersuchungen über Quantitäten und Größen, mit denen sich die Geometrie befaßt (falls es bei ihnen so etwas gibt), die Vernunft bei diesen Bewohnern anderer Planeten und bei uns durchaus ähnlich ist und dieselben Wege nimmt, und daß ferner dasjenige, was bei uns als wahr gilt, auch auf diesen anderen Planeten so ist – wenn auch vielleicht bezüglich dieser Dinge Geisteskraft und Fähigkeiten bei ihnen und bei uns in verschiedenen Abstufungen vorhanden sind.[58]

Es ist zweifellos verlockend, so zu argumentieren: „Da es nur eine Natur gibt, ist auch nur eine Wissenschaft von der Natur möglich." Bei näherer Prüfung jedoch wird dieser Schluß äußerst problematisch. Vor allem versäumt er es, das Faktum in Rechnung zu stellen, daß es, auch wenn es in der Tat nur eine Welt gibt, gleichwohl beim Erarbeiten von „Wissenschaft" um sehr verschiedene *Gedankenwelten* gehen kann.

Es ist sicherlich naiv zu glauben, weil nur ein einziger Gegenstand zur Debatte steht, müsse seine Beschreibung zu einem einheitlichen Resultat führen. Diese Ansicht ignoriert den entscheidenden Einfluß der intellektuellen Orientierung des Beschreibenden. Denkende Wesen mit unterschiedlichen Absichten und Interessen und mit einem unterschiedlichen Erfahrungshintergrund können mit ein und demselben Thema so umgehen, daß vollkommen beziehungslose und disparate Ergebnisse dabei herauskommen, weil jeweils unterschiedliche Aspekte des Gegenstandes angesprochen werden. Die *Dinge* sind dieselben, aber ihre Bedeutung ist gänzlich verschieden.

Vielleicht scheint es plausibel, so zu argumentieren: „Gemeinsame Probleme erzwingen gemeinsame Lösungen. Intelligente fremde Zivilisationen haben genau wie wir das Problem einer kognitiven Anpassung an eine gemeinsame Welt. Die Naturwissenschaft wie wir sie kennen, ist *unsere* Lösung dieses Problems. Es ist daher wahrscheinlich, daß sie auch *ihre* Lösung ist." Aber diese verlockende Argumentation scheitert an ihrer zweiten Prämisse. Die Problemsituation, mit der außerirdische Lebewesen konfrontiert sind, ist *nicht* dieselbe wie unsere. Man muß annehmen, daß ihre Situation wesentlich anders ist als unsere, eben weil sie in einer bedeutend anderen Umwelt leben und – sowohl physisch als auch intellektuell – mit bedeutend anderen Mitteln ausgestattet sind. Der Versuch, mit gemeinsamen Lösungen für gemeinsame Probleme zu argumentieren, bleibt erfolglos. Es ist schon eine *petitio principii*, ein gemeinsames Problem vorauszusetzen.

Wissenschaft ist immer Ergebnis einer *Erforschung* der Natur, und dabei geht es unvermeidlich um eine *Transaktion* oder *Interaktion*, in der die Natur nur eine Seite darstellt und die Forschung die andere. Wir müssen damit rechnen, daß fremde Lebewesen ganz andere Fragen an die Natur stellen als wir. Auf der Grundlage eines *Interaktions*modells gibt es keinen Anlaß zu glauben, daß die Wissenschaften verschiedener Zivilisationen mehr als nur die gröbste Familienähnlichkeit untereinander aufweisen.

Unsere fremden Wissenschaftlerkollegen suchen die Natur nach Regelmäßigkeiten ab wie wir und gebrauchen dazu (auf jeden Fall zunächst) die Sensoren, die sie als ihr evolutionäres Erbe mitbringen. Sie bemerken, verzeichnen und übermitteln diejenigen Regelmäßigkeiten, welche sie nützlich oder interessant finden, und auf dieser Basis entwickeln sie dann durch theoretische Vermessungen ihre Forschungen. Natürlich führt diese Entwicklung in eine Richtung, in der ihre Wissenschaft eng auf ihre besondere Situation abgestimmt wird – auf ihre biologische Ausstattung („ihre Sensoren"), ihr kulturelles Erbe („was pragmatisch nützlich ist"). Wo diese Schlüsselparameter unterschiedlich ausfallen, müssen wir erwarten, daß der Verlauf der wissenschaftlichen Entwicklung ebenso unterschiedlich ausfallen wird.

Zugegeben, es gibt nur ein Universum, und seine Gesetze und Bausteine sind, soweit wir das sagen können, überall dieselben. Wir teilen dieses gemeinsame Universum mit allen Lebensformen. Wie radikal wir uns in anderen Hinsichten unterscheiden mögen (vor allem bezüglich der äußeren Umgebung, der natürlichen Ausstattung und des Stils oder der Zivilisation), wir haben den gemeinsamen Hintergrund der kosmischen Evolution und ein gemeinsames Erbe von Naturgesetzen. Wenn daher fremde intelligente Lebewesen überhaupt die Natur erforschen, dann erforschen sie dieselbe Natur wie wir auch. All das sei zugestanden. Es bleibt jedoch die Tatsache bestehen, daß das Gesamte der wissenschaftlichen Information – sei es die unsere oder die beliebiger anderer – eine gedankliche Konstruktion ist. Und die Selbigkeit des Gegenstands der Betrachtungen garantiert in keiner Weise die Selbigkeit der Gedanken über ihn. Es ist eine nur allzu bekannte Tatsache, daß selbst dort, wo nur menschliche Beobachter am Werk sind, „dieselben" Ereignisse mit oft ganz unterschiedlichen Konstruktionen belegt werden. Wie sich deutlich in den rivalisierenden Interpretationen verschiedener psychologischer Schulen zeigt – ganz zu schweigen von gerichtlichen Gutachten rivalisierender „Experten" –, braucht zwischen Konzeptionen, die über einen und denselben Gegenstand unter verschiedenen „Betrachtungsperspektiven" vertreten werden, wenig Einklang zu bestehen. Die Tatsache, daß alle intelligenten Lebewesen dieselbe Welt bewohnen, wiegt keineswegs die nicht minder bedeutungsvolle Tatsache auf, daß wir in ihr sehr verschiedene ökologische Nischen bewohnen, was ganz verschiedene Arten des *modus operandi* mit sich bringt.

Es gibt keine kategorische Sicherheit, daß intelligente Geschöpfe in einer gemeinsamen Welt ähnlich denken werden – ebensowenig wie es eine Sicherheit dafür gibt, daß sie ähnlich handeln werden. Das heißt, es gibt keinerlei Grund, warum die *kognitive* Anpassung irgendwie einheitlicher ausfallen sollte als die *verhaltensmäßige* Anpassung. Auch das Denken ist schließlich einfach eine Art Handlung; und wie die Handlungen eines Lebewesens sein biologisches Erbe widerspiegeln, so auch seine Denkweise.

Die Entwicklung einer „Wissenschaft" – einer spezifischen systematisch-vereinheitlichenden Zusammenfassung der Naturgesetze – verlangt als Vorgabe stets ein forscherabhängiges Element der Bestimmung. Das Ergebnis solch einer Interaktion hängt entscheidend von dem Beitrag beider Seiten ab – von der Natur und von der Intelligenz, die mit ihr interagiert. Dabei ist eine Art „Chemie" wirksam, zu welcher die Natur nur *eine* Vorgabe liefert und die Forscher selbst die andere – und diese kann das Resultat massiv und dramatisch beeinflussen, so daß wir die jeweiligen Beiträge der Natur und der Forschenden nicht mehr entwirren können. Die Dinge können nicht von sich aus die Bedeutung diktieren, die eine aktive Intelligenz ihnen zumessen kann. Der menschliche Organismus ist überall wesentlich der gleiche, und doch gibt es nicht viel Ähnlichkeit zwischen der Medizin der alten Hindus und der der alten Griechen.

Niemand, der jemals die Beobachtung machte, wie verschieden die Aussagen eines einzigen Textes (man nehme etwa die Bibel oder die Platonischen Dialoge) im Laufe der Jahrhunderte – sogar von Menschen mit demselben kulturellen Erbe – interpretiert und verstanden wurden, kann ernsthaft hoffen, daß das Studium eines gemeinsamen Objektes durch verschiedene Zivilisationen zu einem einheitlichen Ergebnis führen muß. Und der Vergleich mit Textinterpretationen ergibt noch ein viel zu günstiges Bild. Beim wissenschaftlichen

Studium der Natur geht es ja nicht darum, einen bereits vorliegenden Text zu entziffern. Es gibt dabei einfach keine fixierte Textbasis – das unwandelbare „Buch der Natur vor aller Augen" –, das verschiedene Zivilisationen in unterschiedlichem Maße entziffern könnten. Wie andere Bücher ist es in gewissem Grad ein Spiegel: Was herausschaut, hängt davon ab, wer hineinschaut.

Während der Frühstadien der intellektuellen Geschichte des Menschen jedenfalls entwickelten unterschiedliche menschliche Zivilisationen ihre „Naturwissenschaften" in grundlegend verschiedenen Weisen. Die Hinwendung zu einem extraterrestrischen Kontext vergrößert zwangsläufig diese Vielfalt. Die „Wissenschaft" einer fremden Zivilisation kann von der unseren viel weiter entfernt sein als die „Sprache" unseres Verwandten, des Delphins, von der unseren. Wir müssen, ob wir wollen oder nicht, der Tatsache ins Auge sehen, daß die „harten" physikalischen Wissenschaften unter kosmischen Maßstäben etwas von jener kulturellen Relativität annehmen, der man auf irdischer Basis bei den „weicheren" Sozialwissenschaften begegnet.

Die Thesen und Theorien unserer Wissenschaften beruhen notwendigerweise auf „den verfügbaren Daten", und entsprechend reflektieren sie den Charakter unserer Interaktionen mit der Natur – durch welche die Daten überhaupt nur gesammelt werden können. Diese Interaktion ist ein zweiseitiger Prozeß, zu welchem jede Partei einen wesentlichen Beitrag leistet, und diese jeweiligen Beiträge können nicht gänzlich nach ihrem Charakter unterschieden und klar voneinander getrennt werden. Die potentielle Pluralität der Urteilsweisen bedeutet hier: Es gibt keine einzig endgültige Art und Weise, die Welt zu kennen.

Charles Sanders Peirce war der Meinung, die Wahrheit sei „das vorherbestimmte Ergebnis, zu dem genügend Forschung letztlich führen müßte"[59], denn „angenommen, irgendein menschliches Wesen verfügt über genügend Information und macht sich genügend Gedanken über eine beliebige Frage, so müßte es im Endeffekt damit zu einer bestimmten definiten Konklusion kommen, die dieselbe ist wie diejenige, auf welche jeder andere Geist unter hinreichend günstigen Bedingungen kommen würde."[60] Nach Peirce sind, wenn es überhaupt irgendeine Aussicht auf Wahrheit gibt, wenn irgendeine „Sachlage" besteht, letztlich alle Forschenden bestimmt, zu einem Einverständnis über sie zu gelangen. Aber selbst wenn man diese (sicherlich problematische) These einer letztendlichen Einheitlichkeit der Resultate, was *menschliche* Forschung angeht, gelten läßt, gibt es noch keinen guten Grund, diese Einheitlichkeit über die Spezies hinaus zu projizieren – das Produkt als abgelöst vom Prozeß anzusehen, so daß verschiedene Spezies letztlich zu denselben Ergebnissen kommen müßten. Unsere „wissenschaftlichen Wahrheiten" sind nicht notwendigerweise auch für andere wahr.

Die Naturwissenschaft – grob verstanden als die Erforschung der Wege der Natur – ist grundsätzlich für unendliche Umformungen offen. Ihre Entwicklung verläuft auf einer historischen Bahn, die eng verknüpft ist mit den spezifischen Fähigkeiten, Interessen, Umfeldbedingungen und Möglichkeiten der Lebewesen, die sie betreiben. Wir begehen einen grundlegenden Irrtum, wenn wir sie uns als einen Prozeß vorstellen, dessen Verlauf grundsätzlich parallel zu unserer eigenen Entwicklung erfolgen und der auf ein global vergleichbares Resultat hinauslaufen muß. Es wäre höchst phantasielos zu meinen, daß entweder der Weg oder das Ziel dasselbe oder auch nur wesentlich ähnlich sein müßten.

Die Wissenschaft einer Spezies ist wie das Verhalten des Individuums von einem biologischen und kulturellen Erbe abhängig. Faktoren wie Fähigkeiten, Anforderungen, Interessen und Entwicklungsverlauf beeinflussen zwangsläufig Gestalt und Substanz der Wissenschaft und Technologie jeder besonderen Region in Raum und Zeit. Solange wir unseren intellektuellen Horizont nicht auf engstirnig anthropomorphe Weise beschränken, müssen wir bereit sein anzunehmen, daß „Wissenschaft" und „Technologie" einer fernen Zivilisation mit großer Wahrscheinlichkeit etwas *ganz* anderes sind als Wissenschaft und Technologie, wie wir sie kennen. Unsere menschliche Art von Naturwissenschaft kann durchaus einzig in ihrer Art sein, abgestimmt auf und koordiniert mit einem Wesen unserer physikalischen Konstitution, in unserer besonderen Weise eingefügt in die Bahn der Weltläufe und der Geschichte.

Was wir aus diesen Überlegungen lernen können, ist klar. Von anderen Zivilisationen, die von anderen Arten von Geschöpfen gebildet wurden, muß man erwarten, daß sie sich andere „Wissenschaften" schaffen. Von jeder forschenden Zivilisation muß man erwarten, daß sie ihre eigenen, vielleicht in ständigem Wandel begriffenen kognitiven Produkte schafft – die alle auf ihre Weise mehr oder wenige adäquat sind, aber tatsächlich in ihrem begrifflichen Gehalt wenig oder keine Überschneidungen aufweisen. Obgleich sie dasselbe physikalische Universum bewohnen wie wir und grundsätzlich denselben Arten von Regelhaftigkeit unterworfen sind, muß man von ihnen erwarten, daß die von ihnen produzierten kognitiven Artefakte andere Darstellungen der Natur sind, denn sie spiegeln ihre anderen Weisen der Positionierung in ihr wider. Das Argument „Eine Welt – eine Wissenschaft" ist letztendlich unhaltbar.

Evolutionäre Konsequenzen

Letztlich besteht der Grund, warum wir nicht erwarten können, daß fremde Intelligenzen sich damit befassen, unsere Art von Wissenschaft zu betreiben, darin, daß es eine fast unendliche Vielfalt von möglichen Arten von „Naturwissenschaft" gibt. Wissenschaften – ihrer funktionalen Äquivalenz halber als solche verstanden (wie oben ausgeführt) – variieren zwangsläufig in den kognitiven Instrumentarien, wie sie in der physischen Konstitution und der geistigen Ausstattung derer angelegt sind, die sie entwickeln, und in dem besonderen Erkenntnisinteresse ihrer kulturellen Perspektive und ihres Begriffsrahmens. Unser kognitives Projekt ist einfach ein intellektuelles Produkt, das eine besondere Art kognitiver Lebensform kennzeichnet. Entsprechend gibt es gute Gründe, die Naturwissenschaft als artspezifisch anzusehen.

Im Hinblick auf die biologische Evolution scheint es völlig vernünftig, folgendermaßen zu argumentieren:

Was können wir über die Lebensformen sagen, die sich in diesen anderen Welten entwickeln? ... [Es] ist klar, daß die Evolution, wenn sie durch natürliche Auslese erfolgt, zu einer immensen Vielfalt von Organismen führen würde, verglichen mit der alle Organismen auf der Erde, von Schimmelpilzen bis hin zum Menschen, ganz nahe Verwandte sind.[61]

Hinsichtlich der kognitiven Evolution besteht sicher genau dieselbe Situation.

Und welche Sicherheit haben wir, daß selbst intelligente Wesen eine „Wissenschaft" erzeugen werden? Der Weg der Entwicklung von Intelligenz zu Wissenschaft ist schließlich reich an schwer zu überwindenden Hindernissen. Die Umstände müssen günstig sein, und das gilt nicht nur im Hinblick auf die Physik, Chemie, Biochemie, die evolutionäre Biologie und die kognitive Psychologie in der Situation: Die soziologischen Erfordernisse für die Evolution von Wissenschaft als kulturelles Artefakt müssen ebenso erfüllt sein. Die ökonomischen Bedingungen, die gesellschaftliche Organisation und die kulturelle Orientierung müssen entsprechend ausgerichtet sein, bevor der Schritt von Intelligenz zu Wissenschaft vollzogen werden kann. Damit sich wissenschaftliche Forschung entwickeln und zur Blüte kommen kann, müssen zuerst einmal kulturelle Institutionen gegeben sein, deren Entwicklung spezifische ökonomische Bedingungen erfordert, und eine geeignete gesellschaftliche Organisation. Und die Erfahrung mit unserer Erde lehrt uns, daß solche Bedingungen für die gesellschaftliche Evolution einer entwickelten Kultur keineswegs überall vorliegen, wo Intelligenz ist. (Wir sollten uns daran erinnern, daß es nur einer von Hunderten menschlicher Zivilisationen, die sich hier auf der Erde entwickelt haben – der mediterran europäischen – gelungen ist, Naturwissenschaften, wie wir sie verstehen, ins Leben zu rufen.)

Ein jüngerer Autor erklärt:

<small>Da die Existenz des Menschen auf der Erde in der kosmischen Zeit erst einen Moment besteht, ist sicherlich auf dem einen oder anderen dieser 100.000.000 (bewohnbaren) Planeten [unserer Milchstraße] das intelligente Leben weit über unser Niveau hinaus fortgeschritten.[62]</small>

Wer so schließt, übersieht die entscheidende probabilistische Dimension. Zugegeben, der kosmischen Wohnorte sind sehr viele. Doch wenn die Wahrscheinlichkeiten sehr gering werden, setzen sie diese Tatsache außer Kraft. (Gleich wie umfangreich N ist, gibt es doch immer dieses vermindernde $1/N$, mit dem es aufgewogen werden kann.) Selbst wenn es eine immense Anzahl von Sonnensystemen gibt und von daher eine überwältigende Anzahl bewohnbarer Planeten (so etwa 10^{22} nach geläufigen Schätzungen), muß immer noch eine ganz erhebliche Anzahl von Bedingungen erfüllt sein, damit „Wissenschaft" (wie wir sie verstehen) entstehen kann. Astrophysikalische, physikalische, chemische, biologische, psychologische, soziologische und epistemologische Parameter müssen sämtlich auf geeignete Weise zusammenstimmen. Bewohnbarkeit muß gegeben sein und Leben und Intelligenz und Kultur und Technologie und eine technologisch bestimmte Forschungsweise, jenes intellektuelle Produkt muß auf geeignete Weise auf seinen Gegenstand hin ausgerichtet sein und so weiter. Daß es gelingt, von Intelligenz zu Wissenschaft überzugehen, ist keineswegs sicher. Man muß viele Kurven richtig nehmen auf der Straße zu einer „Wissenschaft", die sich auf vergleichbare Weise wie unsere entwickeln soll. Jeder Schritt auf diesem Weg ist von endlicher (und oft geringer) Wahrscheinlichkeit. Um den letzten Bestimmungsort zu erreichen, müssen all diese Wahrscheinlichkeiten miteinander multipliziert werden, was eine wirklich sehr geringe Größe ergibt. Selbst wenn es nur zwölf Wendepunkte gäbe entlang dieser Entwicklungslinie, an denen jeweils eine Chance erfolgreichen Ausgangs besteht, die im Durchschnitt nicht geringer als 1:100 ist, wäre die Chance eines Gesamterfolgs verschwindend gering: sie entspräche einer Gesamterfolgswahrscheinlichkeit von nur 10^{-24}. Nach dieser Rechnung kann die Anzahl der Zivilisationen, die eine technologisierte Wissenschaft besitzen, wie wir sie verstehen, offenbar nicht besonders gehaltvoll sein: sie könnte tatsächlich stark gegen 1 gehen.

George G. Simpson hat mit Recht betont, wie viele Entscheidungsknoten und -wendungen entlang der Straße der Evolution zu finden sind, indem er darauf hinwies, daß

die Fossilienfunde ganz klar zeigen, daß es keine zentrale Linie gibt, die stetig auf zielgerichtete Weise vom Protozoon zum Menschen führt. Statt dessen hat es ständig extrem verwickelte Verzweigungen gegeben, und welchem Verlauf auch immer wir folgen, wir finden wiederholte Veränderungen sowohl in der Geschwindigkeit als auch in der Richtung der Evolution. Der Mensch ist das Ende einer letzten Verästelung ... Selbst geringfügige Veränderungen in früheren Abschnitten der Geschichte hätten tiefgreifende kumulative Effekte auf alle nachfolgenden Organismen durch die ganze Abfolge von Millionen von Generationen hindurch. ... Die existierende Art wäre sicher eine andere, wenn der Ausgangspunkt ein anderer gewesen wäre und wenn irgendein Stadium der Geschichte der Organismen und ihrer Umgebungen ein anderes gewesen wäre. Die Existenz unserer gegenwärtigen Art hängt von einer ganz präzisen Sequenz verursachender Ereignisse ab, die sich über etwa zwei Billionen Jahre oder mehr erstreckt. Der Mensch kann keine Ausnahme von dieser Regel machen. Wenn die Kausalkette eine andere gewesen wäre, existierte der *Homo sapiens* nicht.[63]

Die Werke der Evolution – seien es Leben oder Intelligenz, Kultur, Technologie oder Wissenschaft – sind immer Ergebnis einer großen Anzahl individuell unwahrscheinlicher Ereignisse. Mit jedem Evolutionsprozeß stellt sich der Natur eine Sequenz von Fragen, deren sukzessive Lösung eine Reihe entstehen läßt, die an das Spiel „20 Fragen"[64] erinnert und ein Möglichkeitsspektrum von beeindruckend großen Ausmaßen umfaßt. Das schließlich erzielte Ergebnis liegt auf einem Weg, der einen besonders kontingenten Pfad durch einen Möglichkeitsraum festlegt, bei dem stets aufs neue die Alternativen aufgefächert werden, da jeder Schritt neue Eventualitäten eröffnet. Ein Evolutionsprozeß ist ein Satz mit einer Vielzahl von Bedingungen – ein komplexes Labyrinth, in dem eine große Zahl von Knotenpunkten und Windungen des Weges richtig genommen werden müssen, damit die Dinge so enden, wie sie es tun.

Wenn die Dinge sich nicht auf jeder Stufe passend gewendet hätten, wären wir nicht hier, um davon zu erzählen. Die vielen Zufälligkeiten an dem langen Weg der kosmischen, der galaktischen Evolution, der des Sonnensystems, der biochemischen, biologischen, sozialen, gesellschaftlichen, kulturellen und kognitiven sind alle gut ausgegangen. All die unzähligen Hindernisse wurden überwunden. In der Rückschau sieht das alles leicht und unvermeidlich aus. Die unzähligen (nicht verwirklichten) Variationsmöglichkeiten an diesem Weg verliert man leicht aus dem Blick und aus dem Gedächtnis. Es ist verlockend bequem, die Geschichte als goldene Erfolgsstory auf ihr Ende hin zu interpretieren. Es ist so leicht, die Versuchung ist so groß, zu sagen, ein Planet, auf dem Leben ist, muß natürlich eine Spezies mit den technischen Fähigkeiten zu interstellarer Kommunikation entwickeln.[65] Es ist verlockend, aber es ist auch unsinnig. Die Straße der kosmischen und biologischen Evolution hat einfach zu viele kritische Windungen. In der Tat sind viele Übergänge an diesem Weg derart, daß wir, wären die Dinge nur ein klein wenig anders verlaufen, überhaupt nicht hier wären.[66]

Eine interessante Lektion bezüglich dieser Verbindung läßt sich aus der

Theorie der Möglichkeit der altgriechischen Atomisten gewinnen. Sie hatten die infinistische Ansicht des Raumes von Euklid übernommen und vertraten eine Theorie unzähliger Welten:

> Es gibt unzählige Welten unterschiedlicher Größe. In manchen Welten gibt es keine Sonne und keinen Mond, in anderen sind diese größer als in unserer Welt und in wieder anderen zahlreicher. Die Zwischenräume zwischen den Welten sind ungleich: an einigen Stellen gibt es mehr Welten, an anderen weniger, manche wachsen, manche befinden sich auf ihrem Höhepunkt, manche nehmen ab; an manchen Stellen gehen sie auf, an anderen gehen sie unter. Sie werden zerstört, wenn sie zusammenstoßen. Auf manchen Welten gibt es keinerlei lebendige Geschöpfe, keine Pflanzen und keine Flüssigkeit.[67]

Auf dieser Basis lehrten die Atomisten, daß jede (hinreichend allgemeine) Möglichkeit tatsächlich an der einen oder anderen Stelle verwirklicht ist. Wenn man ihnen die Frage stellte, „Warum haben Hunde keine Hörner, warum ist bloß die theoretische Möglichkeit, daß Hunde gehörnt sind, nicht tatsächlich verwirklicht?", antworteten die Atomisten, daß sie in der Tat verwirklicht sei, bloß eben anderswo – *in einer anderen Gegend des unendlichen Raumes*. Irgendwo innerhalb des unendlichen Raumes gibt es eine andere Welt, die in jeder Hinsicht ganz der unseren gleicht, außer in der einen, daß ihre Hunde Hörner haben. Daß Hunde keine Hörner haben, ist bloß eine provinzielle Idiosynkrasie der besonderen Lokalwelt, in welcher wir, die wir dieses Gespräch führen, uns zufällig befinden. Die Wirklichkeit umfaßt durch räumliche Verteilung alle zu dieser Welt alternativen Weltmöglichkeiten. Nach Ansicht der Atomisten sind in der einen räumlich unendlichen Superwelt *alle* alternativen Möglichkeiten in der Tat in den verschiedenen in ihr befindlichen Unterwelten verwirklicht.

Diese Theorie der fast endlosen Möglichkeiten wurde von dem geschlossenen Kosmos des aristotelischen Weltbild verdrängt, das für fast zwei Jahrtausende das europäische kosmologische Denken beherrschte. Der Zerfall des aristotelischen Modells in der Renaissance und seine Ersetzung durch das „Newtonsche" Modell ist einer der großen Wendepunkte der intellektuellen Tradition des Westens – Alexandre Koyré hat ihn in seinem Buch mit dem glänzenden Titel *Von der geschlossenen Welt zum unendlichen Universum*[68] elegant porträtiert. Man denke an Giordano Brunos nahezu dämonische Freude an der Explosion der geschlossenen aristotelischen Welt in eine Welt, die sich öffnet in ein unendliches Universum, durch endlose Räume hin ausgespannt. Andere waren nicht erfreut, sondern entsetzt: John Donne sprach vom „Verlust allen Zusammenhalts", und Pascal erschreckte „die ewige Stille unendlicher Räume", von der er in den *Pensées* so bewegend sprach. Doch niemand zweifelte daran, daß das Aufkommen des „Newtonschen" Weltbildes in der Entwicklung des westlichen Denkens einen völligen Umbruch darstellte.

Die Refinitisierung des Universums als Ergebnis von Einsteins allgemeiner Relativitätstheorie hat – seltsam genug – in philosophischen und theologischen Kreisen kaum Aufmerksamkeit erregt, trotz der ungeheuren Umwälzung, die andere Aspekte der Revolution Einsteins verursacht haben. (Letztendlich ist die Einsteinsche Raumzeit sogar noch radikaler finitistisch als das aristotelische Weltbild, das zumindest hinsichtlich der Zeit die Aussicht auf eine unendliche Zukunft offenließ.)

Sicher, es sieht vielleicht so aus, als wenn die betreffende Endlichkeit nicht so furchtbar viel bedeutet, weil die Distanzen und Zeiten, mit denen die moderne Kosmologie zu tun hat, so ungeheuer sind. Doch diese Ansicht ist wohl eher naiv. Der Unterschied zwischen dem Endlichen und dem Unendlichen ist so groß wie Unterschiede nur sein können. Und er stellt einen Unterschied dar, der – gerade in diesem Kontext – von allerweitreichendster Bedeutung ist. Denn er bedeutet, daß wir keine Alternative haben, als anzunehmen, daß eine höchst unwahrscheinliche Menge von Eventualitäten nicht an sehr vielen Stellen verwirklicht sein wird und daß etwas hinreichend Unwahrscheinliches sehr wohl überhaupt nicht verwirklicht sein könnte. Die entscheidende *philosophische* Bedeutung der kosmischen Endlichkeit liegt in der Tatsache, daß in einem endlichen Universum bloß eine endliche Zahl von Alternativen verwirklicht sein kann. Ein endliches Universum muß auf weit radikalere Weise über seine Gehalte „entscheiden" als ein unendliches, und dies zeigt sich besonders im Kontext der Möglichkeiten geringer Wahrscheinlichkeit. In einer endlichen Welt kommen wir, anders als in einer unendlichen, nicht um die Annahme herum, daß eine Aussicht, die hinreichend unwahrscheinlich ist, einfach gar nicht verwirklicht werden wird, daß wir, wenn wir Unwahrscheinlichkeit auf Unwahrscheinlichkeit häufen, schließlich die Reichweite des Aktuellen verlassen. Deshalb ist mit ziemlicher Sicherheit anzunehmen, daß unsere Wissenschaft eine Lösung für das Problem kognitiver Anpassung darstellt, die auf irdische Weise lokalspezifisch ist.

Und also tun wir gut daran, anzunehmen, daß die Wissenschaft *wie wir sie kennen*, bloß *unsere* Wissenschaft ist – sie projiziert auf die Leinwand des Geistes ein Weltbild, das mit charakteristisch menschlichen Verständniskategorien entworfen wurde. Die Welt ist wirklich genug, unabhängig von unseren Ideen über sie, aber die Welt, wie wir sie sehen auf der Basis unserer Forschungen – die einzige Welt, mit der wir *kognitive* im Gegensatz zu *kausaler* Interaktion haben – ist unsere Konstruktion und korrelativ zu unserem (charakteristisch menschlichen) Platz in der kosmischen Ordnung. Als Produkt unserer *Erfahrung* der Natur spiegelt unsere empirische Wissenschaft zwangsläufig zumindest teilweise den besonderen Charakter unseres evolutionären Erbes wider.

Ein relativistischer Realismus

Es bleibt bei der Einsicht Immanuel Kants: Es gibt gute Gründe, zu denken, daß die uns bekannten Naturwissenschaften nicht etwas für alle rationalen Intelligenzen als solche Gültiges sind, sondern (teilweise) menschliche Schöpfungen, die in entscheidenden Aspekten mit unserer spezifischen menschlichen Intelligenz korreliert sind. Uns bleibt nicht viel übrig, als anzunehmen, daß unsere Wissenschaft genau dadurch, daß sie *unsere* Wissenschaft ist, begrenzt ist. Die Unvermeidlichkeit eines Empirismus, der die grundlegende Rolle der Erfahrung für unser wissenschaftliches Wissen von der Welt anerkennt, bringt es mit sich, daß dieses Wissen zwangsläufig letztlich auf die uns möglichen Erfahrungsweisen begrenzt ist. Es ist das Schicksal unserer Wissenschaft, unsere eigene Natur widerzuspiegeln – bedingt und begrenzt zu sein durch unsere Geschöpflichkeit einschließlich unserer „sinnlichen" Teilhabe an der Anordnung der Dinge in der Welt. Die „wissenschaftliche Wahrheit", die wir über die Welt entdecken, ist *unsere* Wahrheit – nicht so sehr in dem Sinne, daß wir sie auf willkürliche Weise „zurechtmachen", sondern vielmehr in dem Sinne, daß die Wissenschaft, da sie *empirische* Wissenschaft ist, zwangsläufig durch unsere menschliche Weise des Eingebettetseins in der Natur bedingt ist.

Es gibt einfach keinen einheitlichen Fahrplan für die wissenschaftlich/technologische Entwicklung, die verschiedene Zivilisationen, nur mit unterschiedlicher Geschwindigkeit oder Standhaftigkeit, gemeinsam absolvieren (trotz der Liebhaberei von Astrophysikern, in der Evolution planetarischer Zivilisationen numerische „Entwicklungsgrade" säuberlich einer Zeitskala zuzuordnen[69]). In der kognitiven und selbst in der „wissenschaftlichen" Evolution haben wir es nicht mit einer einzigen großen Linie zu tun, sondern mit einem komplexen Netzwerk, das zu ganz verschiedenen Bestimmungspunkten führt. So wie es selbst in der kosmischen Evolution eine räumliche Rotverschiebung gibt, die verschiedene Planetensysteme noch weiter voneinander entfernt, so kann die kognitive Evolution sehr wohl eine intellektuelle Rotverschiebung aufweisen, die verschiedene Zivilisationen in Gedankenwelten trägt, welche sogar noch weiter voneinander entfernt sind.

Dieser Ansatz unterstützt durchaus einen wissenschaftlichen Realismus, jedoch nur einen Realismus, der insofern relativistisch ist, als er auf den Facettenreichtum der Natur des Wirklichen besteht, d.h. daß jede Wissenschaft den besonderen „Gesichtswinkel" widerspiegelt, den ihr Erfinder auf die Wirklichkeit hin besitzt (entsprechend den forscherspezifischen Interaktionsweisen mit der Natur). Unter diesem Gesichtspunkt wird die Erkenntnis der Wirklichkeit immer (in entscheidender Hinsicht) durch die Formen der Bezugnahme geprägt, welche die kognitiven Verfahren der Erkennenden widerspiegeln. Es gibt zweifellos eine geistunabhängige Realität, doch der erkennende Zugang zu ihr ist stets geistbedingt. Alles, was je über die Wirklichkeit gewußt werden kann, ist durch Begriffe vermittelt, die widerspiegeln, *wie diese Wirklichkeit auf uns wirkt*, ausgehend von der sensorischen und kognitiven Ausstattung, mit der unsere kognitive Erbschaft uns ausgerüstet hat.

Der Wert der Dummheit: Evolution als Verteilungsmechanismus

Wir Menschen sind klug, weil wir in unsere evolutionäre Nische passen müssen. Die Intelligenz ist die charakteristische Spezialität, die den relativen Vorteil ausmacht, durch welchen unsere Art ihren evolutionären Weg durch die Zeitalter bewältigt hat. Wir Menschen sind so dumm, denn wesentlich klüger zu sein als wir sind, wäre für uns tatsächlich evolutionsmäßig kontraproduktiv.

Warum sind wir so klug?

Warum sind wir Menschen so klug? Wie kommt es, daß wir das intellektuelle Talent besitzen, Mathematik, Medizin, Naturwissenschaften, Ingenieurskunst, Architektur, Literatur und andere ähnlich glänzende kognitive Disziplinen zu schaffen? Was erklärt die ungeheure Kraft unserer intellektuellen Fähigkeiten?

Eine Schwierigkeit taucht sofort auf, sobald diese Frage gestellt wird. „Wie", könnte man einwenden, „kann man sich bloß daranmachen, zu erklären, warum wir so intelligent sind, wie wir sind, ohne allererst die Frage zu stellen, wie intelligent wir überhaupt genau sind?" Sicher, wenn *diese* Frage zuerst hätte geklärt werden müssen, wäre man mit der Untersuchung niemals über den Anfang hinausgekommen. Sämtliche verfügbare Zeit und Mühe wäre in vorbereitenden Klärungen verbraucht worden. Doch tatsächlich betrifft uns diese ausgedehnte Materie hier nur *relativ*. Es verhält sich damit so, wie wenn wir überlegen, warum wir Menschen vergleichsweise so groß sind, da wir doch größer sind als unsere entfernten Vettern, die Schimpansen. Und dann kämen wir auf den Kardinalpunkt, daß nichtamphibische Humanoiden nicht ohne einen unverhältnismäßigen Verlust an Hirnkapazität so klein wie Schimpansen sein könnten. (Und, um noch ein vergleichbares Beispiel heranzuziehen: indem wir unser zweites Paar Gliedmaßen von der Verwendung zur Fortbewegung befreit halten, können wir nicht größer als Giraffen sein.) Ebenso haben wir hier nur mit der groben, vergleichenden Frage zu tun, wieso wir befähigt sind, als intelligente Akteure den anderen terrestrischen Arten um eine ganz wesentliche Länge voraus zu sein, wenn es um intelligenzgesteuerte Fähigkeiten geht.

Die *allgemeine* Richtung, welche die Antwort auf diese Frage nach der menschlichen Intelligenz zu nehmen hat, ist jedenfalls relativ eindeutig. Zunächst und im Grunde sind wir so klug, weil das unser Platz im evolutionsmäßigen Zusammenhang der Dinge ist. Verschiedene Arten von Geschöpfen haben verschiedene ökologische Nischen, verschiedene Spezialitäten, die ihnen ermöglichen, ihren evolutionären Weg durch die Zeitläufte zu finden. Einige sind außerordentlich fruchtbar, manche besonders hart, andere schnellfüßig, einige schwer zu entdecken, manche extrem scheu. Der *Homo sapiens* ist anders. Denn das evolutionäre Instrument unserer Spezies ist die *Intelligenz* mit allem, was dazugehört an Fähigkeiten und Wendigkeiten. Wenn wir also nicht so intelligent wären wie wir sind, wären wir nicht hier als die Geschöpfe, die wir sind. Wir haben alle diese glänzenden intellektuellen Fähigkeiten, weil wir sie brauchen, um wir selbst zu sein.

Natürlich ist es nicht alles bloß Glückssache oder ein Los aus der Schicksalslotterie, was uns die Intelligenz beschert hat. Der entscheidende Faktor ist der Bioingenieur Evolution. Bienen und Termiten können wahre Wunder kollektiver Anstrengung vollbringen. Aber ein Insekt, das sich unter der Ägide der Evolution entwickelt hat, könnte nicht so klug werden wie ein Mensch, denn der Bedarf an Informationsverarbeitung, zu dem die jeweilige Lebensweise die Gelegenheiten gibt, richtet sich nach der physischen Ausstattung und ist daher beim Insekt zu bescheiden, um auf die Entwicklung von Intelligenz hin zu drängen.

Klugheit ist eine unvermeidliche Begleiterscheinung unserer physischen Beschaffenheit. Unser Körper hat viel mehr unabhängig bewegliche Teile (mehr „Freiheitsgrade") als der anderer Lebewesen.[70] Und dieser Umstand hat bedeutende Konsequenzen. Denn man nehme ein System mit n Schaltern an, von denen jeder eine EIN- oder eine AUS-Stellung einnehmen kann. Dann gibt es 2^n Zustände, in denen das System sich befinden kann. Wenn $n = 3$ ist, sind bloß 8 Systemzustände gegeben, doch wenn wir n zu 6 verdoppeln, haben wir schon 64 Zustände. Wenn ein Körper komplexer wird und seine Gestaltung mehr Freiheitsgrade annimmt, wächst die Zahl möglicher alternativer Zustände schnell (exponentiell). Es ist schon schwierig genug, seine jeweilige Position nicht aus den Augen zu verlieren. Sie vorauszuberechnen ist noch schwieriger. Wenn es m mögliche Zustände gibt, welche das System nun einnehmen kann, dann gibt es, wenn es soweit ist, seine nächste Position zu wählen, wieder m Wahlmöglichkeiten, und für die nächsten beiden sind es im Ganzen schon $m \cdot m$ Alternativen (wenn man von den unrealisierbaren Kombinationen absieht). Im Planungshorizont von zwei Schritten hat also das System mit den 3 Zuständen 64 Alternativen, das System mit 6 Zuständen aber bereits 4096. Bei einer bloßen Verdopplung der Zustände wird das Planungsproblem um einen Faktor von 64 komplizierter.

Die entscheidende Überlegung dreht sich hier um die Freiheitsgrade, wie sie der Veränderbarkeit der Bewegung in der Zeit zukommen. In dem Moment, wo man aufrecht geht und die Bewegungsweisen zu entwickeln beginnt, welche diese neue Position erleichtert – durch Kriechen, Laufen, Springen usw. –, hat man weitaus mehr Probleme der Körperbeherrschung zu lösen.

Überlegungen dieser Art machen deutlich, daß ein Wirbeltier mit seinem höchst ausgeprägten Skelett mit seinen vielen unabhängig einsetzbaren Knochen und Knochenkomplexen mit ungleich größeren Schwierigkeiten der Beherrschung und Steuerung konfrontiert ist – mit dem, was man im Jargon der Militärs „Kommando und Kontrolle" nennt. Physisch versiertere Tiere müssen klüger sein, einfach weil sie physisch versierter sind.

Wir werden durch die größeren Anforderungen der Lebensweise unserer ökologischen Nische zu immer größeren Fähigkeiten in der Informationsgewinnung und -verarbeitung getrieben. Die Komplexität unserer differenzierten

Überwachungsmechanismen im Kontext der Identifikation von Freund oder Feind kann das illustrieren. Wir können aus beachtlicher Entfernung feststellen, daß uns Leute anschauen und in diesem Kontext winzige Unterschiede in der Blickrichtung unterscheiden. Ein anderes Beispiel ist die Entwicklung unserer differenzierten Sinne mit ihrer Feinunterscheidung von Gerüchen, Farben und Klängen. Die Überwachung unserer Umgebung ist für unsere Lebensweise entscheidend. Wir müssen wissen, vor welchen Bestandteilen unserer Umgebung wir auf der Hut sein müssen und welche wir gefahrlos ignorieren können. Der Umgang mit einem derartigen Informationsvolumen verlangt Selektivität und differenzierte Verarbeitungsmechanismen – kurz: Intelligenz. Nicht bloß unser Körper muß die richtige Größe haben, um unsere physischen Operationen und Aktivitäten zu tragen, das gleiche gilt auch für unser Gehirn. Die Komplexitäten von Informationsmanagement und -kontrolle stellen unerbittliche Anforderungen an die Evolution. Um ein großes Informationsvolumen zu verarbeiten, müssen wir von der Natur mit einem großen Hirn ausgestattet sein. Ein Schlachtschiff verlangt zu seiner Führung und Beherrschung mehr hochentwickelte Mechanismen als ein Ruderboot. Ein Kaufhaus benötigt einen entwickelteren Führungsapparat als der Krämerladen an der Ecke. Um einen differenzierten Körper zu beherrschen, braucht man ein differenziertes Gehirn. Die Evolution des menschlichen Gehirns ist die Geschichte des Kampfs der Natur um die Erstellung des Apparats zur Informationsverarbeitung und -kontrolle, den Geschöpfe wachsender körperlicher Beweglichkeit benötigen. Dabei wird eine zyklische Feedbackwirkung in Gang gesetzt: Ein komplexer Körper verlangt nach Kommando und Kontrolle durch ein größeres Gehirn, und ein größeres Gehirn verlangt einen größeren Körper, dessen operationale Effizienz wiederum größere Anforderungen an jenes Hirn stellt, um die Führungsfunktionen zu erfüllen, die erforderlich sind, damit für Überleben und die Sicherheit einer Nachkommenschaft gesorgt ist. Wie sich durch den Vergleich der Hirngewichte verschiedener Säugetierarten belegen läßt, gehen zunehmende Komplexität und Beweglichkeit tierischer Körper mit einer physischen Lebensweise einher, deren Schwierigkeiten der Informationsverarbeitung und -beherrschung ein zunehmend fähigeres Gehirn erfordern. Wovon man lebt, spielt auch eine Rolle: Insektenfressende und fruchtfressende Affen haben schwerere Hirne im Verhältnis zu ihrer Größe als blattfressende es haben.[71]

Hier erhalten wir also die unmittelbare (und ziemlich triviale) Antwort auf unsere Frage: Wir sind so intelligent wie wir sind, weil das die Weise ist, in der wir uns evolvieren mußten, um unseren Platz im Naturzusammenhang einzunehmen. Wir sind so klug, weil der Bioingenieur Evolution uns mit dieser Klugheit versehen mußte, damit wir die Lebensweise annehmen und erhalten konnten, die zu unserer ökologischen Nische paßt.

Was bleibt, ist das Problem, warum die Evolution diesen Verlauf genommen hat. Natürlich brauchten wir nicht *so* klug zu sein, um dem Säbelzahntiger überlegen zu sein oder das Schaf zu zähmen. Wir wollen diesen Aspekt der Angelegenheit ein wenig erkunden.

Die Dinge, die wir tun müssen, um ein Leben auf unsere Weise zu führen, müssen uns nicht bloß *möglich*, sie müssen im allgemeinen auch *leicht* sein für uns (so leicht, daß das meiste davon getan werden kann, ohne darüber nachzudenken und sogar unbewußt). Wenn die Mittel, die uns zur Problemlösung zur Verfügung stehen, oft an ihre Grenzen stießen, wenn sie oft mit dem Gewicht der Schwierigkeit des Problems überlastet wären, das sie dem Auftrag der Natur gemäß im Interesse unserer Lebensweise zu lösen haben, dann hätten wir sie einfach nicht.

Damit die Evolution funktionieren kann, müssen die Überlebensprobleme, mit denen die Geschöpfe konfrontiert sind, im großen und ganzen für die ihnen verfügbaren Mechanismen leicht zu bewältigen sein. Und dieses fundamentale Prinzip gilt ebenso für die kognitive wie für die biologische Evolution. Wenn die Problemlösung im Erkenntnisbereich für unsere geistigen Fähigkeiten zu schwierig wäre, würden wir uns nicht als problemlösende Geschöpfe evolvieren. Wenn es uns ebensoviel Mühe kostete, 2 + 2 zusammenzuzählen, wie wir brauchen, um die Quadratwurzel einer Zahl zu ziehen, oder wenn wir ebenso lange brauchten, 3- von 4seitigen Figuren zu unterscheiden wie 296- von 297seitigen, dann lägen Probleme dieser Art schlicht außerhalb unseres kognitiven Repertoires. Die „durchschnittlichen" Überlebens- und Wachstumsprobleme, die unsere Lebensweise uns stellt, müssen den richtigen Schwierigkeitsgrad für uns haben – das heißt, sie müssen verhältnismäßig leicht sein. Und das verlangt nach Überschußkapazitäten. All die „gewöhnlichen" Probleme der Lebensweise müssen schnell in der richtigen Zeit zu lösen sein – und genug Kapazitäten freilassen, die ungewöhnlichen anzugehen.

Ein Gehirn, das imstande ist, das Notwendige zu tun, wann und wie es nötig ist, um das Leben einer komplizierten und wendigen Kreatur zu erhalten, wird die meiste Zeit unterbeschäftigt bleiben. Um Zeiten der Spitzenanforderung zu bewältigen, wird es in ruhigen Zeiten eine Menge Überschußkapazität für andere Probleme übrig haben. Und so wird jeder Geist, der kraftvoll genug ist, um jene bei Gelegenheit drängenden Aufgaben zu erfüllen, die Überschußkapazität haben, während der meisten normalen Zeiten verschiedene anspruchsvolle Projekte zu verfolgen, die mit dem Überleben nichts zu tun haben.

Diese Überlegungen entkräften den Einwand, die Evolution könne unsere Intelligenz nicht erklären, weil wir viel klüger sind als die Evolution verlangt – daß die Evolution uns schließlich keinen Prüfungen in höherer Mathematik oder theoretischer Physik aussetze. Ich behaupte hier nicht die absurde Idee, solche Disziplinen böten den menschlichen Wesen irgendwie einen Evolutionsvorteil. Ich sage nur, daß die Kapazitäten und Fähigkeiten, die es möglich machen, derartige Unternehmungen zu verwirklichen, evolutionsmäßig von Vorteil sind. Daß die Evolution uns mit einer Reservekapazität ausstattet, die derartige Aktivitäten möglich macht, ist ein Nebeneffekt. Die Sache ist die, daß ein intelligentes Geschöpf, dessen Kapazitäten keine Entwicklung in solche Richtungen erlauben, einfach nicht klug genug ist, um in anderen Dingen die Prüfungen der Evolution zu bestehen – das heißt, es wäre nicht in der Lage, die Intelligenz überhaupt zu seiner evolutionären Spezialität zu machen.

Wieder einmal erweist sich die Analogie von Gehirn und Computer in diesem Zusammenhang als hilfreich. Man kann von ganz verschiedenen Dingen sagen, sie seien „einfach": Die Einfachheit der betreffenden „Hardware" bei verhältnismäßig weniger komplexen *Computern* ist eine Sache, und die Einfachheit der betreffenden „Software" bei verhältnismäßig weniger komplexen *Programmen* ist etwas ziemlich anderes. Und es gibt hier offensichtlich Ausgleichsmöglichkeiten. Problemlösungen desselben Schwierigkeitsgrads lassen sich im allgemeinen leichter auf differenzierteren (komplizierteren) Computersystemen programmieren. In gewisser Weise gilt auch das Umgekehrte: Die größere Komplexität einer Maschine kann den tatsächlichen Gebrauch der Maschine leichter und weniger aufwendig machen. Für verschiedene Belange ist es im allgemeinen weniger schwierig, „fortgeschrittenere" (d.h. komplexere) Maschinen zu programmieren. Und dieser Umstand spiegelt sich in der Tatsache, daß ein Geschöpf, welches durch Intelligenz seinen evolutionären Weg in der Welt macht, ein recht leistungsfähiges und kompliziertes Gehirn braucht.

Sicherlich, im allgemeinen ist die Evolution nicht allzu großzügig. Zum Beispiel wird die Evolution keine Geschöpfe entwickeln, deren Laufgeschwindigkeit weitaus größer ist als die, welche nötig ist, um ihren Verfolgern zu entkommen, ihre Beute zu machen oder ein anderes ebenso strikt utilitaristisches Ziel zu verwirklichen. Aber die Intelligenz und ihr Wirken bilden wegen ihrer Eigenart, aufgrund ihrer autokatalytischen Natur, eine deutliche Ausnahme zu dieser allgemeinen Regel. Wie bei vielen *physischen* Artefakten liegt es bei *kognitiven* Artefakten in der Natur der Sache, daß eines das andere ergibt. Wenn man einmal aufgrund von Berechnung oder mit Informationsverarbeitung etwas tun kann, kann man im Prinzip auch viel damit machen. Hat die Evolution der Intelligenz einmal die Tür einen Spaltbreit geöffnet, bemächtigt sie sich gleich des ganzen Hauses. Wenn das Biodesign den Weg der Intelligenz nimmt, um einem Geschöpf einen Evolutionsvorteil zu sichern, gerät es auf eine abschüssige Bahn. Hat es sich einmal auf diesen Weg begeben, gibt es so leicht kein Halten mehr. Denn sobald eine Art auf Intelligenz als ihr Instrument zur Bewältigung der Natur zu setzen beginnt, entsteht ein artinterner Wettbewerb und bringt den Prozeß auf Hochtouren. Die Intelligenz wird selbst Ansporn zu weiterer Entwicklung, einfach weil Intelligenz entwicklungsmäßig alles in allem ihre eigene Energiequelle ist.

Das Resultat dieser Überlegungen ist klar: Die Intelligenz ist die evolutionäre Spezialität des *Homo sapiens*. Wären wir deutlich weniger klug, als wir es in der Tat sind, wären wir nicht überlebensfähig gewesen. Oder genauer: wir wären nicht fähig gewesen, uns zu der Art von Geschöpfen zu entwickeln, die wir geworden sind. Die Intelligenz macht die charakteristische Besonderheit aus, die den Wettbewerbsvorteil liefert, welcher unsere Spezies in die Lage gesetzt hat, ihren evolutionären Weg in den Zusammenhang der Dinge dieser Welt zu machen. Wir sind so klug, weil das für *uns* notwendig ist, um überhaupt hier zu sein.

Warum sind wir so dumm?

Doch an diesem Punkt erhebt sich eine ganz andere Frage, eine, die in genau die entgegengesetzte Richtung weist: Warum sind wir nicht sehr viel intelligenter, als wir tatsächlich sind? Warum können wir eine Fremdsprache nicht in einer einzigen Woche lernen oder die Analysis der Algebra in vierzehn Tagen? Was erklärt unsere offensichtlichen kognitiven Defizite und Beschränkungen? Warum sind wir so dumm?

Auch diese Frage kann im Prinzip beantwortet werden, indem man auf die Evolution verweist.[72] Aber sie hat zwei wesentlich verschiedene Aspekte: (1) Warum sind wir nicht *insgesamt* klüger durch die verstärkte Geisteskraft der Spezies als ganzer; und (2) warum sind wir nicht *statistisch* gesehen klüger, aufgrund einer Zunahme des relativen Anteils kluger Menschen in der gegenwärtig bestehenden Bandbreite von Intelligenzniveaus? Wir wollen diese Fragen eine nach der anderen bedenken.

Zunächst einmal bräuchten wir, um eine substantiell klügere Spezies zu sein, ein viel größeres Gehirn. Dies zu bewerkstelligen würde aber nach den herrschenden Prinzipien der Biotechnik einen größeren, weniger agilen Körper verlangen, wodurch wir gezwungen wären, die Vorteile der Manövrierbarkeit und Geschicklichkeit aufzugeben. Um doppelt soviel Information zu verarbeiten, wäre ein Gehirn mit ungefähr dem Vierfachen seiner heutigen Größe erforderlich. Wenn wir aber unser Hirngewicht vervierfachten, würden wir einen Körper brauchen, der das Sechzehnfache seines heutigen Gewichts wiegt.[73] Ein Körper von so großem Gewicht ist nicht nur extrem klobig, sondern auch mit einem ungeheuren Energieaufwand verbunden. Der nächstliegende und wahrscheinlichste Schachzug wäre also, für eine ganz andere ökologische Nische zu optieren und sich ans Wasser zu halten wie unsere Säugetiervettern, die Wale und die Delphine. Die stimulierenden Umweltbedingungen auf dem Land, wo kommunale Gesellschaftsbildung naheliegt, Arbeitsteilung und technologische Entwicklung, wären uns allesamt verwehrt. Jener Gewinn an Hirnkraft hätte hier einen furchtbaren Preis, das Opfer der kollektiven Intelligenz der sozialen Institutionalisierung werkzeugbenutzender Geschöpfe. Einen solchen Preis zu zahlen, kann die Evolution uns nicht gestatten.[74]

Nun bleibt jedoch immer noch die Frage, warum wir Menschen nicht statistisch klüger sind, warum also der *Anteil* sehr kluger Leute in unserer Spezies nicht zunimmt. Mit dieser Wendung der Fragestellung bewegen wir uns nun von dem Problem der biologischen Konstruktion einer „intelligenteren" *Spezies* fort und hin zu der Entwicklung einer „intelligenteren" *Population* – einer, in welcher der Prozentanteil von Leuten, die nach *gegenwärtigen* Maßstäben wegen ihrer Intelligenz als „überlegen" eingestuft werden würden, wesentlich höher wäre.

Hier tritt die soziale Dimension der Angelegenheit in den Vordergrund. Wir wollen den folgenden Fall betrachten: Du und ich interagieren in einer Konkurrenzsituation, deren möglicher Nutzen ungefähr Nullsummencharakter hat, d.h. eine Partei gewinnt, was die andere verliert. Jedem von uns stehen nun zwei Alternativen offen: mit dem anderen *zusammenzuarbeiten* oder zu versuchen, ihn zu *überlisten*. Wenn wir zusammenarbeiten, werden wir den Gewinn, der sich ergibt, teilen (sagen wir, indem jeder die Hälfte bekommt). Wenn wir gegeneinander spielen, dann bekommt der Gewinner alles, gleich wer von beiden Erfolg hat, er streicht den ganzen Gewinn ein. Im Ganzen ist die Situation also so wie in Tafel 1 (s. S. 79) dargestellt. Wenn ich meine Gewinnchancen betrachte, wie sie durch die Wahrscheinlichkeit p angegeben sind, dann stehen meine Aussichten wie folgt („EG" steht für den Erwartungswert des Gewinns, „G" für den Gewinnanteil):

EG (Kooperation) = p (0,5 G) + (1 – p) (0,5 G) = 0,5 G

	Ich habe Glück	Du hast Glück
Wir arbeiten zusammen	0.5 G/0.5 G	0.5 G/0.5 G
Wir arbeiten nicht zusammen	G/0	0/G

Anmerkung: Der x/y-Ausdruck in der Tabelle bezeichnet den jeweiligen Gewinn beider Parteien (x-Ausdruck für mich, y-Ausdruck für dich). „G" = Gewinnanteil.

Tafel 1: Hypothetische Profite in einer Konkurrenzsituation

EG (Konkurrenz) = p (G) + (1 – p) (0) = p (G)

Solange p kleiner als ½ ist, das heißt, solange die Gewinnchancen, die ich mir subjektiv ausrechne, geringer sind als bei Gleichverteilung, wähle ich angesichts der Ausgewogenheit der Gewinnaussichten sinnvollerweise die Zusammenarbeit. Erst wenn der Wert von p ½ übersteigt, schlägt die Waage zugunsten der Nichtzusammenarbeit aus. Wenn man den Vorteil des Selbstvertrauens optimistisch beurteilt, dann tendiert die entscheidungstheoretische Rationalität gegen Kooperation, sie begünstigt es, den eigenen konkurrenten Weg zu gehen und „seine Chance zu ergreifen". Menschen, die sich selbst für verhältnismäßig gescheit halten, neigen weniger zu Zusammenarbeit.

Die Struktur der Situation stellt sich einprägsamer dar, wenn man die Sachlage betrachtet, wie sie sich aus den (rein hypothetischen) statistischen Verteilungen, wie sie Tafel 2 darstellt, ergibt. Wenn wir unterstellen, daß die Menschen zufällig interagieren, dann finden im Fall I gut über die Hälfte (nämlich 54 Prozent) der paarweisen interpersonellen Interaktionen zwischen kognitiv Gleichstarken statt; im Fall II aber gilt das für deutlich weniger als die Hälfte (nämlich 46 Prozent) solcher Interaktionen. Unter der Voraussetzung, daß zwei dazugehören, wenn Kooperation stattfinden soll, ergibt sich, daß im Fall I die vorherrschende soziale Norm einen rationalen Druck in Richtung auf Kooperation ausüben würde, während sie sich im Fall II für Nicht-Kooperation und den Versuch, zu überlisten, stark machen würde.

Dieses künstliche quantitative Beispiel erfüllt hier eine rein qualitative di-

	hoch	mittelmäßig	unterdurch-schnittlich
I. gegenwärtige Verteilung kognitiver Fähigkeiten (hypothetisch)	10 %	70 %	20 %
II. Verteilung bei angenommener Verbesserung	30 %	60 %	10 %

Anmerkung: Die jeweiligen Fähigkeitsstufen verstehen sich in Entsprechung zu heute geltenden Standards.

Tafel 2: Hypothetische Verteilungen kognitiver Fähigkeit

daktische Funktion. Es geht bloß darum, zu zeigen, daß zwei gegenläufige Kräfte wirksam sind, die eine ist der natürlich selektive Impetus, der zum Vergrößern des Anteils der Hochbefähigten tendiert, und die andere ist die primär soziale Tendenz zur Beibehaltung einer Verteilung, die zur Kooperation zwingt. Wären mehr Menschen verhältnismäßig klüger, wären wir zweifellos imstande, verschiedene Interaktionen mit der Natur erfolgreicher durchzuführen. Unsere Fähigkeit, unsere Umwelt kognitiv und physisch zu bewältigen – zu erklären, vorauszusagen, zu kontrollieren – wäre größer. Unsere Interaktionen miteinander aber wären der größeren Versuchung von Menschen ausgesetzt, die im Vertrauen auf ihre Fähigkeiten versuchen, ihre Mitmenschen „hereinzulegen". Die rationale Berechnung würde angesichts potentiell konkurrierender Interaktionen nun den Kurs des Wettkampfs, der Überlistungsversuche begünstigen. Der sozial nützliche Impuls zur Kooperation, für den durch eine gesunde Verteilung gesorgt ist, würde unterminiert. In gewisser Weise dient die statistische Unterlegenheit als Ausgleich, und zwar zum Wohl des Ganzen. Die natürliche Entrüstung, die wir schon als Kinder gegenüber nicht-kooperativem Verhalten und gegenüber Menschen empfinden, die nicht fair spielen, ist offensichtlich in der Ordnung der Evolution mit der Tatsache verbunden, daß die meisten von uns wesentliche Vorteile von einem System haben, in dem die Leute „sich an die Spielregeln halten".

Entsprechend würde, wenn wir Menschen statistisch intelligenter wären als wir es sind, der große Erfolg unserer Interaktionen mit der Natur uns geneigt machen, unsere intellektuellen Kräfte noch höher einzuschätzen, und infolgedessen würde der Anstoß zur Zusammenarbeit mit anderen geringer. Die statistische Ausweitung kognitiver Kompetenz würde dazu führen, daß die Anzahl der Leute zunähme, die im Vertrauen auf ihre Intelligenz lieber versuchen, andere zu überlisten als „sich an die Spielregeln zu halten" – welche schließlich weitgehend dazu bestimmt sind, die Nichtbevorteilten zu schützen. Die Dunkelheit des allgemeinen Unverständnisses schafft ein rauchverhangenes Schlachtfeld, auf dem sich Parteien verschiedener intellektueller Niveaus viel eher auf gleicher Ebene behaupten können. Die gesellschaftliche Kooperation, die dem menschlichen Wohl zuträglich ist, profitiert überall von der allgemeinen Unzulänglichkeit.

Wie das Beispiel der Biene zeigt, erfordert die Evolution von Kooperation sicher keine individuelle Intelligenz. Ganz im Gegenteil. Wenn die Zahl der „klugen Leute" zunimmt, die stolz sind auf die Kraft ihres Intellekts, wird es zunehmend schwieriger, den sozialen Zusammenhalt zu bewahren. Es ist bekanntermaßen schwierig, Universitätsfakultäten zu leiten. „Experten" sind sowohl Päpsten als auch Präsidenten ein Dorn im Auge: keine Sekte schafft es, mit ihren Theologen in gutem Einvernehmen zu bleiben. (Jeder, der um die Verhaltensweise einer Avantgarde weiß, kann sich vorstellen, wie schwierig es ist, Leute zusammenzubringen, die sich selbst für klüger halten als der Durchschnitt.) Man kann sich leicht vorstellen, in wie vielen Situationen Intelligenz sich gegen Kooperation wendet.

Wir Menschen benötigen Intelligenz, um unsere Interaktionen mit der Natur in allgemein sinnvolle Kanäle zu lenken. Doch nicht weniger wichtig ist, daß wir kollektiv in einer Situation sind, in der wir kooperieren und in einer Weise miteinander zusammenarbeiten müssen, die das Gemeinwohl befördert. Und wenn wir im statistischen Mittel intelligenter wären als wir es sind, wäre es schwieriger, solche Kooperation und Zusammenarbeit zustandezubringen. Die Leute würden sich mehr auf ihren eigenen Kopf verlassen und davon Abstand nehmen, sich auf andere zu verlassen, wenn sie sich als „über das gemeine Volk" erhoben dünkten.

Eine Beimischung von Dummheit ist also evolutionär von Vorteil. Denn die Aussichten auf Überleben und Gedeihen eines Individuums sind oft damit verbunden, wie gut oder schlecht die Dinge in einer Gesellschaft liegen, von der dieses Individuum ein Teil ist (wie Kriege und ökonomische Depressionen zeigen). Und insofern das Wohlergehen einer Gesellschaft durch ein Übermaß an intelligenten Individuen beeinträchtigt werden kann, wird die Evolution ihre Auswahl (indirekt) gegen individuelle Intelligenz treffen.

Wir kommen also zu folgendem interessanten und vielleicht überraschenden Ergebnis: Wenn wir Menschen im Schnitt wesentlich intelligenter wären, als wir tatsächlich sind, würde der rationale Anstoß zu Sozialisation und Kooperation geschwächt. Wären die Leute *körperlich* stärker als sie sind, müßten sie größer und schwerer sein – und wären durch die daraus resultierende Klobigkeit physisch gehemmt. Wären die Leute *geistig* stärker als sie sind, wären sie durch den daraus resultierenden Antrieb zu gegenseitigen Überlistungsversuchen sozial gehemmt. Die Aussicht auf eine wirksame Sozialisation im Dienste des Gemeininteresses und des allgemeinen Wohls wäre reduziert. Und jedes derartige Resultat wäre offensichtlich evolutionär kontraproduktiv. Ein sehr guter Grund, warum wir nicht viel klüger sind, ist eben, daß es kein besonders kluger Schachzug wäre, klüger zu sein.

Konklusion

Diese Überlegungen führen zu der seltsam anmutenden Lehre, daß der Evolutionsdruck ein zweischneidiges Schwert ist, das in Anbetracht der Entwicklung der Intelligenz in einander entgegengesetzte Richtungen wirken kann. Die Evolution ist ein Vorgang, in dem die Waage von Kosten und Nutzen ständig peinlich genau im Gleichgewicht gehalten wird. Und der besondere Fall unserer kognitiven Fähigkeiten bietet eine lebendige Veranschaulichung dieses allgemeinen Phänomens. Auf der einen Seite sind wir Menschen nicht weniger intelligent als wir sind, weil wir uns, wenn wir es wären, evolutionsmäßig einen Nachteil in unserem *physischen* Umgang mit der Natur einhandeln würden. Doch analog dazu sind wir nicht intelligenter als wir es sind, weil wir, wenn wir das wären, *ebenso* unter einer *evolutionären* Unfähigkeit leiden würden: Wir wären im sozialen Umgang miteinander benachteiligt, da wir uns nicht mehr zur Kooperation genötigt fühlen würden, weil der normale Gang der Dinge uns zu der Erkenntnis zwingt, daß wir einfach nicht klug genug sind, allein zurechtzukommen. Indem sie die Intelligenz so behandelt, ist die Evolution wie ein gewitzter Spieler klug genug, dem Vorsatz zu folgen, daß man aufhören muß, solange man gewinnt.

Schließt eine darwinistische Erklärung des Ursprungs des Geistes Intentionalität und Absicht aus?

Es heißt manchmal, eine darwinistische evolutionäre Erklärung des Ursprungs des Geistes lasse keinen Raum für Absicht und Zwecksetzung im Bereich der menschlichen Tätigkeiten und Verrichtungen. Solch ein Einwand verfehlt die notwendige Unterscheidung zwischen den Fragen des *kausalen Ursprungs* und denen der *hermeneutischen Erklärung* der menschlichen Phänomene. Die natürliche Auslese kann und wird kausal erklären, wie Wesen mit gewissen Fähigkeiten entstehen können und wie sie vorgehen, wenn sie diese Fähigkeiten ausüben. Aber eine Darstellung dessen, wie die Ausübung dieser Fähigkeiten aus einer Erfahrungsperspektive betrachtet aussieht, ist damit nicht gegeben und kann so auch nicht gegeben werden. Und Intentionalität (Zweckgerichtetheit, Absicht, Bewertung und dergleichen) gehört zu dieser internen Erfahrungsperspektive und kann von einem externen, kausalen Ausgangspunkt her nicht angemessen verstanden werden. Doch Unvollständigkeit ist eine Sache und Fehlerhaftigkeit eine ganz andere. Es geht hier um verschiedene Dinge. Man kann die evolutionäre Erkenntnistheorie hier fairerweise nicht der Unfähigkeit bezichtigen, da sie Dinge, die außerhalb ihrer Sphäre liegen, nicht behandelt – es sind Probleme, die sie in keiner Weise auch nur anzusprechen vorgibt. Und natürlich kann sie ebensowenig mit ihnen in *Konflikt* geraten, geschweige denn sie *ausschließen*.

Verhindert die Evolution Absichten?

Es gibt Philosophen und Wissenschaftler, die behaupten, eine darwinistisch evolutionäre Erklärung des Ursprungs des Geistes und seiner Vorgehensweisen sei zwangsläufig fehlerhaft, denn sie lasse der Intentionalität keinen Raum und verbanne infolgedessen *Absicht*[75] und *Zwecksetzung* nicht mehr nur aus dem Bereich der unbelebten Natur, sondern sogar aus dem Reich des Menschen und seiner Werke. Die biologische Evolution – so wird angenommen – ist grundsätzlich ein inadäquates Erklärungsinstrument, weil alle charakteristisch geistigen Operationen Absicht, Wert- und Zwecksetzung einschließen – normative Faktoren, welche die Evolution aus der natürlichen Ordnung der Dinge verbannt. So gesehen ist jede evolutionäre Erklärung als solche mit dem Makel behaftet, daß sie die gesamte charakteristisch menschliche Dimension der Intentionalität mit ihren Korrelaten von Absicht, Wert- und Zwecksetzung eliminiert. Der evolutionäre Ursprung unserer Denkmechanismen – so wird gesagt – steht irgendwie der intentionalen (oder vorsätzlichen oder teleologischen oder „spirituellen") Dimension unseres Denkens entgegen.

Natürlich könnte ein solcher Vorwurf die Angemessenheit der volutionären Erkenntnistheorie tangieren. Denn wenn es in der Tat der Fall wäre, daß die Evolution, ganz allgemein und im Prinzip, nicht das ganze Repertoire charakteristisch geistiger Operationen zuläßt – oder, was sogar noch schlimmer wäre, gar damit in Konflikt steht – dann würde sie sich dadurch als strukturell mangelhaftes Erklärungsinstrument erweisen.

Hermeneutische und kausale Perspektive

Diese Ansicht ist jedoch völlig irrig. Um den Evolutionsprozeß (im Sinne einer darwinistischen natürlichen Auslese) in Gang zu bringen und zu halten, ist nämlich weiter nichts erforderlich, als daß es eine erbliche, physisch übertragbare *Basis* für die Operationen des Geistes in Form des Gehirns als Ort der neurophysiologischen Prozesse gibt, die mit dem Denken in seinen verschiedenen Formen verknüpft sind. Eine evolutionäre Erklärung des Entstehens geistiger Fähigkeiten erfordert lediglich, daß sich über einen Zeitraum hin Geschöpfe physisch reproduzieren, deren physische Ausstattung in ihrem Wirken die Anlage zu geistigen Vorgängen enthält und in solchen resultiert. Dies bedeutet in der Tat, daß unsere geistigen Funktionen und Verrichtungen *kausal* als *Produkt* unserer physischen Ausstattung und ihrer physischen Operationen betrachtet werden müssen. Aber eine solche Unterstellung in bezug auf ihre *kausale* Basis und Ursprünge entbehrt gänzlich jeglicher Folgen in bezug auf ihre *wesensmäßige Natur* als Gedankenvorgänge, die Absicht und Zwecksetzung einschließen. Die kausale Wirkungsweise des Gedankenprozesses ist eine Sache, ihre erfahrene Bedeutung eine ganz andere.

Die Evolution bringt neue Qualitäten hervor, die ihre Ursprünge transzendieren können. DNS-Moleküle sind eine Ansammlung physikalischer Atome, und doch enthalten sie den Schlüssel organischen Lebens – menschliches Leben eingeschlossen. Die Vögel entwickelten den Gesang anfangs zweifellos als Warnsignal bei Gefahr, doch das verhinderte nicht die evolutionsmäßige Umwandlung des Gesangsverhaltens in ein Mittel, Territorialitätsansprüche kampflos geltend zu machen. Die physische Wurzel einer Tätigkeit oder eines Vorgangs beschränkt oder erschöpft nicht ihren oder seinen *funktionalen Charakter*.

Tatsächlich ist die Entstehung neuer Weisen und Ebenen des Vorgehens, der Funktion und des Verhaltens, die die Gegebenheiten ihrer kausalen Erzeugung übersteigen, für evolutionäre Prozesse charakteristisch. Während der ersten Mikrosekunden der kosmischen Geschichte nach dem Urknall gab es keine Chemie. Die Frühstadien des Universums hatten keinen Platz für Biologie. Für Gesetze der Soziologie oder der Volkswirtschaft gab es keine Grundlage in der Natur, bevor der Mensch entstanden war. Das Auftreten neuer Phänomene auf verschiedenen Ebenen und in verschiedener Organisationskomplexität in der Natur bedeutet ein Auftreten neuer Prozesse und Gesetze auf diesen Ebenen. Der Übergang vom protophysikalischen zum physikalischen und dann zum chemischen und schließlich zum biologischen Gesetz spiegelt eine Abfolge neuer Schichten operationaler Komplexität wieder. Und das gleiche gilt für die zweckgerichtete Intelligenz – es handelt sich um ein neues Phänomen, das auf einer neuen Ebene operationaler Komplexität entsteht. Es entwickeln sich ständig neue Produkte und Prozesse aus früheren Organisationsweisen und etablieren neue strukturelle Ordnungen. Das Entstehen psychologischer Prozesse, die das Reich der Absichten und Vorsätze eröffnen, ist einfach ein weiterer Schritt in diesem Gang der Entwicklung zu neuen Ebenen funktionaler Komplexität.

Freilich ist es wichtig, im Gedächtnis zu behalten, daß die kausale Erklärung von einem geistexternen Standpunkt ausgeht, während die kognitiven Funktionen wie Beabsichtigen, Bewerten, Intendieren und dergleichen *als solche* nur von innen her – im Zusammenhang hermeneutischen Verstehens – verstanden werden können. Die *physischen* Prozesse, auf denen das Denken kausal basiert, sind als solche der („externen") Untersuchung, Beschreibung, Erklärung, Modellbildung durch Dritte völlig offen. Aber der *ideenhafte* Aspekt des Denkens kann natürlich einzig in der jeweilig eigenen Erfahrung aus erster Hand erfaßt werden (obgleich er sicher anderen zugeschrieben werden kann, die über ähnliche Erfahrungen verfügen). Entsprechend ist es ein gewaltiger Unterschied, ob man eine kausal produktive Erklärung der physisch prozeßhaften Begleiterscheinungen menschlich geistiger Operationen hat (wie die biologische Evolution sie bietet) oder ob man einen erfahrungshaften Zugang „von innen her" zu ihren Produkten hat. Beabsichtigen, Intendieren und ähnliches sind sämtlich Ressourcen, die nur jemandem zur Verfügung stehen, der auch auf angemessene Weise im Reich des Geistes verankert ist. Sie zu verstehen erfordert, sie zu vollziehen, und sie zu vollziehen erfordert einen Geist, der Zugang zu derartigen besonderen geistigen Erfahrungen hat. (Ihre *Erklärung* hingegen kann demgegenüber im Prinzip von jeder Art hinreichend intelligenten Wesens bewerkstelligt werden.)

Bei angemessener Berücksichtigung sollte diese Unterscheidung zwischen der kausal produktiven Basis und der funktional beschreibbaren Natur geistiger Vorgänge zu der Einsicht führen, daß man in dieser Hinsicht von einer evolutionären Erklärung des Geistes nichts Unmögliches verlangen darf. Eine solche Erklärung kann vollkommen zufriedenstellend die Entstehung geistiger Vorgänge in ihrer Entwicklung aus ihrer kausalen Grundlage darstellen. Aber ihren inneren erfahrungshaften Charakter kann sie nicht verständlich machen. Man kann die *Existenz* geistiger Funktionen wie Bedeutung und Zweck aus evolutionären Prinzipien erklären. Ihre *qualitative Natur* bleibt nichtsdestotrotz etwas, das nur „von innen her", eher aus der Perspektive des Teilnehmers als aus der des Beobachters, adäquat verstanden werden kann.

Einen physischen Prozeß wie das Netzweben der Spinne kann man völlig verstehen, ohne eine Spinne zu sein – ohne selbst in der Position zu sein, an diesem Prozeß teilzuhaben und also ohne zu wissen, wie es sich anfühlt, diese Tätigkeit auszuführen. Aber einen kognitiven Prozeß wie das Farbensehen oder die Symbolinterpretation oder Ärger können wir nicht völlig verstehen, ohne etwas derartiges zu *erfahren*. Es ist eine Sache, zu erklären, wie die Tätigkeiten entstehen, und eine andere, zu wissen, wie es ist, sie auszuführen. Die Physiologie des Rausches kann jeder lernen. Aber nur die Person, die trinkt, kann ihn auf die „innere" erfahrungsmäßige Weise des erkennenden Zugangs verstehen. Die geistigen Vollzüge, die Absicht und Zwecksetzung reflektieren, können nur von innerhalb des Kreises der Erfahrung *verstanden* werden (auch wenn ihr *Auftreten* zweifellos durch externe wissenschaftlich kausale Prüfung entdeckt und erklärt werden kann). Das hermeneutische Erfassen von Beabsichtigen, Intendieren, Zielsetzung, Bewertung und dergleichen ist an die Erfahrung gebunden – an die Perspektive des Teilnehmers – und unterscheidet sich damit von der Neurophysiologie der Hirnprozesse, die externen Beobachtern völlig zugänglich ist. Die zuerst genannten Punkte reflektieren Probleme, welche evolutionäre Erklärungen einfach nicht berühren, da sie gänzlich anders, nämlich auf die kausale Dimension der Sache hin, orientiert sind.

Evolutionäre Ursprünge

Eine evolutionäre Erklärung der physischen Prozesse, die in geistigen Vorgängen auftreten, reduziert (oder eliminiert) somit keineswegs die innere Dimension von Intentionalität und Absicht. Da sie das Problem der physikalischen Bedingungen und Prozesse behandelt, die jene geistigen Operationen hervorbringen (das heißt, *kausal* produzieren), um die es beim Intendieren, bei Zweck, Absicht usw. geht, schweigt sie ihrer Natur gemäß dort, wo es um deren phänomenologischen Charakter geht, der bloß „von innen her" erfaßt werden kann. Eine evolutionär produktive bzw. kausale Erklärung wird aus dem Blickwinkel der *Beobachter*perspektive entwickelt, während der wesentliche Gehalt dieser Prozesse mit Notwendigkeit von innerhalb des Blickpunkts einer *Teilnehmer*perspektive erfaßt werden muß. Aber Unvollständigkeit ist eine Sache und Fehlerhaftigkeit eine ganz andere. Die erstere (evolutionäre) Erklärung ist in keiner Weise unvollständig oder fehler-

haft, weil sie letztere (die phänomenologisch hermeneutische) nicht erbringen kann – was *im Prinzip* unmöglich ist, weil es hier um unterschiedliche Betrachtungsebenen geht.

Die Intentionalität (Ziele und Zwecke und dergleichen) bildet einen Teil der Denkmechanismen der Denker, ganz so wie mathematische Objekte wie Dreiecke und Kreise dies tun. Sie entwickeln sich nicht in der Natur, sondern aufgrund der Operationen eines (hinreichend differenzierten) Geistes, der sich in sozialer Wechselwirkung manifestiert. Wie Geister entstehen und dazu kommen, ihre Talente und Fähigkeiten zu erlangen, ist eine Sache, was sie mit diesen tun, ist eine andere. Die biologische Evolution hat mit ersterem zu tun, Intentionalität mit letzterem. Die Evolution wirkt auf Operationen des Geistes ein – auf seine Prozesse; die Intentionalität ist Sache seiner Produkte. Es besteht hier keine Inkompatibilität, und es kann auch keine geben, da es um jeweils verschiedene Gegenstände geht: die biologische Evolution in dem einen Fall, die kulturelle Evolution im anderen.

Alles, was wir von einer biologisch evolutionären Erklärung geistiger Operationen vernünftigerweise verlangen können, ist, daß sie die Entstehung der Fähigkeiten und Vorgänge des Denkens erklären sollte. Die innere Phänomenologie des Denkens liegt außerhalb ihrer Reichweite – nicht wegen ihrer Mängel, sondern wegen der einfachen Tatsache, daß sie sich mit ganz anderen Dingen befaßt. Wir können einer evolutionären Erklärung der Entstehung des Geistes nicht vorwerfen, daß es ihr nicht gelingt etwas zu bieten, was keiner kausalen Erklärung der Entstehung des Geistes, auf sich gestellt, möglich ist: einen kognitiven Zugang zur inneren, phänomenologischen Natur geistiger Erfahrung. Die Natur des Denk*apparats* schränkt den *Gehalt* unseres Denkens nicht ein. Eine darwinistische Erklärung der Entwicklung unserer Fähigkeit zu geistiger Tätigkeit läßt daher die ganze Spannweite von Zweck und Absicht zu, weil sie Dinge nicht ausschließt – und von ihrer Natur selbst her nicht ausschließen kann –, mit denen sie einfach nichts zu tun hat. Und man kann ihr selbstverständlich nicht vorwerfen, daß sie sich mit einem Gegenstand nicht befaßt (nämlich der *Natur* des Verstehens und der Intentionalität), der gänzlich außerhalb der Reichweite ihrer kausalen Belange liegt.

Sicher ist eine evolutionäre Erklärung des Geistes von einer Position abhängig, die insofern „materialistisch" ist, als sie den Geist als etwas betrachtet, dessen Operationen eine *entscheidende* Grundlage in den Prozessen des Körpers (und insbesondere des Hirns) haben.[76] Aber diese Art von Materialismus des kausalen Ursprungs widerspricht in keiner Weise einem hermeneutischen Idealismus, der behauptet, daß wir eine Vielfalt von Vorgängen in der Welt mit Hilfe von Begriffen und Kategorien verstehen, die aus der „inneren" Erfahrung der Selbstbeobachtung des Geistes stammen. Das erstere Thema gehört dem Bereich kausaler Erklärungen des Erfahrens als Ereignis in der physischen Welt an, das letztere der Phänomenologie unserer Erfahrungen als Phänomene in der Welt des Denkens.[77]

Einst protestierte der berühmte englische Biologe J.B.S. Haldane: „Wenn meine Meinungen das Resultat chemischer Prozesse sind, die in meinem Gehirn vorgehen, dann sind sie von den Gesetzen der Chemie, nicht von denen der Logik bestimmt."[78] Aber das ist sicher ein problematisches Argument.

Wenn die Gehirnprozesse, die an der Meinungsbildung beteiligt sind, sich über die Evolution (in gewissem Grade) an die Gesetze der Logik anpassen, dann wird es offensichtlich möglich, die Sache von beiden Seiten her zu betrachten. Es kann hier keinen Konflikt geben. Während die Chemie (oder Neurophysiologie) erklären mag, wie das Gehirn arbeitet, kann die „Logik", so wie sie durch Intentionalität und Zweck hindurch zum Tragen kommt, erklären, was es mit diesen Fähigkeiten tut.

Eine darwinistische Erklärung des Ursprungs des Geistes widerstreitet Intentionalität und Absicht nicht – sie kann das bereits ihrer Natur nach gar nicht, weil es ihr um etwas anderes geht. Andererseits wäre es natürlich schlicht närrisch, die schöpferische Kraft evolutionärer Prozesse zu leugnen. Zu sagen, daß ein zweckorientiertes Wesen nicht per Evolution in einer bislang zweckfreien Welt entstehen kann, hat viel Ähnlichkeit mit der Behauptung, ein sehendes Wesen könne nicht durch Evolution in einer Welt ohne Sehen oder ein intelligentes Wesen könne nicht durch Evolution in einer bislang intelligenzlosen Welt entstehen. Eine Verpflichtung auf den Geist des Darwinismus kann durchaus dem Akzeptieren der Zweckgerichtetheit *der* Natur im Weg stehen, aber sie steht offensichtlich dem Akzeptieren von Zweckgerichtetheit *in* der Natur durch das evolutionäre Auftreten von Wesen innerhalb der Natur, die ihrerseits Absichten, Intentionen, Zwecke usw. haben, nicht entgegen – und das kann sie auch nicht. Zweifelsohne stimmt die darwinistische natürliche Auslese schlecht mit einem Anthropomorphismus der *Natur* zusammen, aber sie schließt sicherlich keinen Anthropomorphismus des *Menschen* aus.

Alles in allem ergibt sich, daß die Akzeptanz einer evolutionären Erklärung der Entstehung und Wirkungsweise menschlicher Intelligenz für Absicht, Wert- und Zwecksetzung im Bereich unserer menschlichen Tätigkeiten und Geschäfte jeden Raum läßt. Täte sie das nicht, würde die Angemessenheit dieser Erklärung fraglich. Aber es wäre sicherlich sowohl naiv als auch falsch, wenn man dächte, die normative Sphäre menschlicher Bestimmung würde irgendwie von einer Erklärung unterminiert oder negiert, die unsere Vollzüge in diesem Bereich als in Fähigkeiten verwurzelt ansieht, welche die Menschheit durch ihre Entwicklung im natürlichen Verlauf evolutionärer Ereignisse erworben hat. Schließlich werden weder unsere Logik noch unsere Mathematik durch die Feststellung geschmälert, daß die Fähigkeit, diese Disziplinen zu entwikkeln, etwas ist, das uns im evolutionären Gang der Dinge zufiel. Wo es um unsere intellektuellen Befähigungen geht, widerspricht der Ursprung eines Vermögens seiner Wirkungsweise oder dem Wert seiner Produkte sicher nicht.

Anmerkungen

[1] Deutsch: Nicholas Rescher, *Die Grenzen der Wissenschaft*, Übers. v. Kai Puntel, Einl. v. Lorenz Bruno Puntel (Stuttgart: Reclam 1985). – [2] William James, „The Sentiment of Rationality", in *The Will to Believe and Other Essays in Popular Philosophy* (New York: Longmans Green, 1897), S. 78. Übersetzung aus: W.J., „Das Rationalitätsgefühl", in *Der Wille zum Glauben und andere popularphilosophische Essays*, übers. v. Th. Lorenz (Stuttgart: Frommann, 1899), S. 85 f. – [3] Zitiert nach Roland Huntford, *The Last Place on Earth* (New York: Atheneum, 1985), S. 200. – [4] „Die geringe körperliche Kraft des Menschen, seine geringe Schnelligkeit, der Mangel natürlicher Waffen usw. werden mehr als ausgeglichen: erstens durch seine intellektuellen Kräfte, die ihn, noch im Zustand der Barbarei, in den Stand setzten, Waffen, Werkzeuge usw. zu formen; zweitens durch seine sozialen Eigenschaften, welche ihn dazu führten, seinen Mitmenschen zu helfen und Hilfe von ihnen zu empfangen." Charles Darwin, *Die Abstammung des Menschen*, übers. von Heinrich Schmidt (Stuttgart: Kröner, 1982), S. 77. – [5] Unter den vielen älteren Autoren, die Beachtung verdienen, sind J.M. Baldwin, Ludwig Boltzmann, H.S. Jennings, Ernst Mach, D. Lloyd Morgan, Georg Simmel und Hans Vaihinger. Neuere, sehr wichtige Literatur zu diesem Thema ist im Literaturverzeichnis zu diesem Buch angegeben. – [6] Ein dichtgedrängter, aber nützlicher Überblick über das erstere Thema, das hier nur am Rande behandelt wird, findet sich in Abner Shimony, „Perception from an Evolutionary Point of View", *The Journal of Philosophy* 69 (1971), S. 571–83. – [7] Verschiedene Aspekte kultureller Evolutionen werden auf interessante Weise in *Culture and the Evolutionary Process* von Robert Byrd und Peter J. Richardson (Chicago und London: University of Chicago Press, 1985) untersucht. Ihre Überlegungen zeigen, daß die kulturelle Evolution nicht bloß ein *Analogon* der biologischen Evolution ist, sondern daß es sich bei den beiden um unterschiedliche Formen eines strukturell einheitlichen Prozesses handelt. – [8] Im folgenden zitiert nach: Karl R. Popper, *Objektive Erkenntnis*, übersetzt von Hermann Vetter, 2. Auflage (Hamburg: Hoffmann & Campe, 1974). – [9] Nicht nur die Popperianer greifen in dieser Weise auf den Mechanismus von Versuch und Irrtum zurück. So war zum Beispiel auch Stephen E. Pepper der Ansicht, daß „die induktiven Methoden der experimentellen Wissenschaften im wesentlichen systematisierter Versuch und Irrtum sind", und auf diese Idee gründete er ein ziemlich differenziertes darwinistisches Modell intellektueller Vorgänge. Vgl. sein Buch *The Sources of Value* (Berkeley und Los Angeles: University of California Press, 1958). Vorstehendes Zitat ist von S. 106. – [10] Popper betont in seinem Buch die an die Mutation erinnernde Zufälligkeit oder Beinahe-Zufälligkeit („Mehr oder weniger zufällige Eröffnungen der Reihen von Versuch und Irrtum", „fast zufällige oder wolkenähnliche Versuchs- und Irrtums-Bewegungen"). Er nimmt das in seinem Schilpp-Aufsatz zurück (*The Philosophy of Karl Popper*, hrsg. von P.A. Schilpp, 2 Bde. La Salle: Open Court, 1974): „Ich betrachte diese Idee der ‚Blindheit' der Versuche in einer Reihe von Versuch und Irrtum als einen wichtigen Schritt über die falsche Idee zufälliger Versuche hinaus." (S. 1062) Während jedoch Poppers *Motiv* für die Änderung klar genug ist, werden ihre desaströsen Konsequenzen für die ganze Richtung und Tendenz seiner Position schlichtweg ignoriert. – [11] Hier liegt eine wichtige Disanalogie zur Evolution vor. Darwin brauchte nicht Einhörner in den Gegenstandsbereich der Theorie aufzunehmen und ihre Nichtexistenz durch irgendeinen Prozeß zu erklären, etwa so wie man das Aussterben der Dinosaurier begründet. – [12] (Anmerkung der Übersetzer:) Die oben (Anm. 8) angegebene deutsche Ausgabe stützt sich auf eine spätere Auflage von *Objective Knowledge*, in der die zitierte Bemerkung gestrichen ist. Sie hat stattdessen: „Trotzdem ist die empirische Wissenschaft auf wunderbare Weise erfolgreich; erfolgreich im Sinne dessen, was ich als ihr Ziel zu betrachten vorschlage. Ich glaube nicht, daß wir diese seltsame Tatsache erklären können, ohne zuviel zu beweisen. Aber sie kann uns dazu ermutigen, dieses Ziel zu verfolgen – obwohl wir weder vom metaphysischen Realismus noch von irgendeiner anderen Quelle im Glauben ermutigt werden, daß wir es verwirklichen können." (S. 228) – [13] Viele der Überlegungen, die die Gegner evolutionärer Erkenntnistheorie anführen – die Geschwindigkeit und das Wachstum des Wissens, die Tatsache, daß die Prüfung von Theorien eine intentionale Handlung ist, die auf kognitive Ziele wie Erklärung und Vorhersage hin durchgeführt wird – können in der Tat in Argumente zugunsten der Angemessenheit eines kulturellen statt biologischen Evolutionsmodells umgewandelt werden. Siehe zum Beispiel Paul Thagard, „Against Evolutionary Epistemology", *Proceedings of the Philosophy of Science Association 1980*, hrsg. von P.D. Asquith und R.N. Giere (East Lansing: Philosophy of Science Society, 1980), S. 187–96. – [14] Es entgeht Popper keineswegs gänzlich, daß dieses Problem der wissenschaftlichen Fortschrittsrate seine Theorie in Schwierigkeiten bringt. In seiner Diskussion (S. 309–312) der großen Evolutionssprünge, wie

sie in der Theorie der „vielversprechenden Monstren" von R.B. Goldschmidt dargestellt werden (*The Material Basis of Evolution* [New Haven: Yale University Press, 1940]) scheint er anzuerkennen, daß ein stückchenweiser Fortschritt, der sozusagen von These zu These voranschreitet, vielleicht nicht in der Lage ist, die Schnelligkeit und Effizienz wissenschaftlichen Weiterkommens zu erklären, und in seiner Diskussion des Themas gibt er zu, daß „diese darwinistische Theorie der vielversprechenden Verhaltensmonstren nicht nur den Lamarckismus, sondern auch den Bergsonschen Vitalismus ‚simuliert'" (S. 312, außerdem S. 307). Aber aus dem ganzen Tenor seiner Überlegungen wird deutlich, daß das Instrument der „vielversprechenden Monstren" selbst genau das ist – ein vielversprechendes Monster, ein *deus ex machina*, der eingeführt wird, um die Theorie vor den grundsätzlichen Schwierigkeiten zu retten, die bereits an der Wurzel ihrer fundamentalen Überzeugungen unvermeidbar sind. Bei noch einer anderen Gelegenheit scheint Popper (in einer Fußnote) von der Verbindlichkeit der Methodologie rein zufälliger Versuche und Irrtumsbeseitigungen Abstand zu nehmen, die im Corpus seiner Theorie, wie sie im Haupttext entwickelt ist, durchgängig vorherrschen. Diese Fußnote lautet folgendermaßen: „Die Methode von Versuch und Irrtumsbeseitigung *arbeitet nicht mit völlig zufälligen Versuchen* (wie manchmal behauptet worden ist), wenn die Versuche auch ziemlich zufällig aussehen mögen; es muß mindestens eine ‚Nachwirkung' geben (im Sinne meines Buches *Logik der Forschung*, S. 119 ff.). Denn der Organismus lernt ständig aus seinen Fehlern, das heißt, er bildet *Steuerungen* aus, die bestimmte *mögliche* Versuche (die vielleicht in der Entwicklungsgeschichte *wirkliche* waren) unterdrücken oder ausschalten, oder mindestens seltener machen." (Anm. 55, S. 272)
Es ist leicht genug zu erkennen, warum Popper in dieser Richtung argumentieren will, doch ein schwieriges Dilemma hindert ihn daran: (1) Wenn die einzigen möglichen Versuche, die vermieden werden können, *tatsächlich bereits geschehene Prüfungen* sind und (nach der Weise einer „Nachwirkung") vielleicht noch ihre sehr engen Verwandten, kann dies bei der immensen Vielfalt verfügbarer Alternativen längst nicht genügend viele von ihnen betreffen, damit eine ausreichende Wirkung erzielt würde; (2) wenn man jedoch die Existenz eines (rational triftigen und unbeweisbaren) Lernprozesses zugesteht, der wirklich massiv und effektiv die Bandbreite der zu erwägenden Alternativen reduziert, dann läuft diese Zuflucht zu einem „induktiven Talent" dem gesamten Tenor von Poppers antiinduktivistischem Programm entgegen, welches uns unfähig macht, die Strategie der Fallinduktion von einer Situation auf eine andere zu übertragen. Wenn *diese* Art Vorkehrung nötig ist, um das Programm funktionsfähig zu machen, dann zerstört es sich im Endeffekt selbst. – [15] Diese Klage über „zu wenig Zeit" erinnert an die Einwände, die William Thomson (Lord Kelvin) einst gegen die darwinistische Evolution vorbrachte. Er begründete sie damit, daß ihr Mechanismus der natürlichen Auslese – so drückt er sich 1871 in seiner „Presidential Address to the British Association" aus – „zu große Ähnlichkeit damit habe, wie man in Laputa Bücher macht, und daß damit der kontinuierlichen Führung und Kontrolle einer Intelligenz nicht genügend Rechung getragen werde". Für wie unangemessen auch immer man diesen Einwand im Fall der *biologischen* Evolution halten mag, im Falle der *kognitiven* Evolution wäre die Situation ganz anders. Ein interessanter Bericht der Debatte über die Verfügbarkeit von Zeit zwischen Physikern auf der einen Seite und Biologen und Geologen auf der anderen Seite findet sich in Stephen G. Brush, „Thermodynamics and History" in *The Graduate Journal* 2 (1969), S. 447–565. – [16] Es gibt verschiedene Arten von Situationen, in denen ein Suchvorgang, der auf blinder Vermutung basiert, am Ende zu höchst ausgeklügelten und „angepaßten" Lösungen führen kann. (Siehe zum Beispiel Richard Dawkins, *Der blinde Uhrmacher*, übers. v. Karin de Sousa Ferreira [Kindler: München, 1987], besonders Kap. 3.) Aber das ist so, weil wir in solchen Kontexten – wie in dem Spiel „20 Fragen" (vgl. Anm. 64) – in der Lage sind, übergeordnete Annahmen über die Struktur des betreffenden Bereichs zu machen. Und eben dies können wir im Hinblick auf die Induktion im allgemeinen auf einer Popperschen antiinduktivistischen Basis nicht tun, außer (zum Beispiel) mit einem Peirceschen Ansatz, indem wir *ab initio* ein induktives Talent unterstellen, das Neigungen zu urteilen mit objektiven Wahrscheinlichkeiten koordiniert. In diesem Fall nehmen wir an, daß die „pure Vermutung" nichts mit völlig blindem und zufälligem Herumtappen zwischen Thesen zu tun hat, sondern einen Vorgang darstellt, den wir mit unabhängigen Gründen vernünftigerweise als relativ effizient betrachten. Und dann haben wir es mit einer Rechtfertigungsstrategie zu tun, die *methodologisch* ist statt *logisch*. – [17] Siehe David Kahn, *The Codebreakers* (New York: Macmillan, 1967), S. 143. – [18] Hierin besteht eine entscheidende Disanalogie zwischen der biologischen und der kognitiven Evolution, an sich der quasi-„vitalistische" Charakter der letzteren zeigt. In der biologischen Evolution entstehen tatsächlich Mutationen aus

dem ganzen Spektrum möglicher Alternativen mit gleicher Wahrscheinlichkeit, und daher wird die Richtung der Evolution nicht durch die Richtung der Mutation bestimmt: „Es ist entschieden die Auslese, nicht die Mutation, welche die Richtung der Evolution determiniert", und wenn dem nicht so wäre, „wäre es notwendig, zu unterstellen, daß derartige Mutationen vorwiegend vorteilhaft sein müssen" (Gavin de Beer, „The Darwin-Wallace Centenary", *Endeavor* 17 [1958], S. 61–76, siehe insbesondere S. 68.) Im Falle der kognitiven Evolution, *vom Standpunkt der Thesenakzeptanz betrachtet*, liegt der Fall genau umgekehrt: Die Verwirklichung möglicher mutanter Alternativen geschieht aufgrund von probabilistischer Berechnung, die vorteilhaften Mutationen herrschen vor, und die Richtung der Evolution wird ebensosehr durch die inhärente Selektivität der Mutation wie durch die Auslese selbst beherrscht. Doch ist, wie wir sehen werden, im kognitiven Fall, anders als im biologischen, nichts Geheimnisvolles an dem einen oder anderen, denn man kann die „vitalistischen" Eigenschaften der epistemologischen Evolution auf der Ebene der Thesen im Prinzip in ein auf der methodologischen Ebene orthodox zufallsbestimmtes und blind steuerungsloses Evolutionsmodell einbetten. – [19] Siehe Kapitel XII von *Methodological Pragmatism* (Oxford: Blackwell, 1977) vom selben Autor. – [20] Diesen Problembereich und seine Konsequenzen hat Herbert A. Simon vielleicht gründlicher durchmessen als irgendein anderer bekannter Kognitionswissenschaftler. Siehe seinen Aufsatz „Does Scientific Discovery Have a Logic?" (*Philosophy of Science* 40 [1973], S. 471–80), wo sich auch weitere Verweise auf seine Arbeiten finden. Eine summarische Formulierung lautet bezeichnenderweise wie folgt: „Je schwieriger und je neuer das Problem ist, desto umfangreicher werden wohl die Versuch-und-Irrtum-Zyklen bis zur Lösung sein. Diese Zyklen sind jedoch nicht völlig zufällig oder blind; in Wirklichkeit sind sie meistens höchst selektiv." (*Die Wissenschaften vom Künstlichen*, übers. von Oswald Wiener [Berlin: Kammerer & Unverzagt, 1990], S. 153). Wenn man die Computersimulation menschlicher Lern- und Entdeckungsvorgänge untersucht, stößt man ganz deutlich auf die Wirkungsweise einer Heuristik von wesentlich regulativ-methodologischer Art. Sie beruht auf Prinzipien (wie z.B. die Transformationen, welche bei Problemlösungen die Priorität von „Ähnlichkeit" verstärken), welche *qua* These eindeutig falsch sind (heuristische „Fiktionen" im Sinne Hans Vaihingers), sich aber methodologisch als effektiv erweisen. – [21] Damit kann der methodologische Ansatz beanspruchen, das Problem zu lösen, das Donald T. Campbell aus seiner Sicht in folgenden Worten gestellt hat: „Den verbreiteten Glauben an ‚Zufalls'-Entdeckungen in den Wissenschaften, der Teil des induktivistischen Glaubens an ein direktes Lernen aus der Erfahrung war, hat Popper in der Tat herabgesetzt... Dieser Punkt und das allgemeinere Problem, im Detail herauszufinden, auf welche Weise eine natürliche Selektion wissenschaftlicher *Theorien* mit einer Wissenschaftstheorie dogmatischer blinder Variation und selektiver Bewahrung kompatibel ist, bleiben für die Zukunft Aufgaben von hoher Priorität." (P.A. Schilpp, Hrsg., *The Philosophy of Karl Popper*, [oben Anm. 10], S. 436). Die vorliegende Theorie bietet eine natürliche Basis für die Kombination eines natürlichen Selektionsprozesses auf der Ebene der *Theorien* mit einer Epistemologie mit blinder Variation und selektiver Bewahrung auf der Ebene der *Methoden*. – [22] Michael J. Ruse, *Taking Darwin Seriously* (Oxford: Blackwell, 1986), S. 162. – [23] *Collected Papers*, vol. V, Abschnitte 5.172–3. Übersetzt in: Ch.S.Peirce, *Lectures on Pragmatism/Vorlesungen über den Pragmatismus*, hrsg. und übers. von Elisabeth Walther (Hamburg: Meiner, 1973). Man vergleiche auch folgende Passage: „Die Natur ist ein viel weitläufigeres Vorratslager an Tatsachen als ein Volkszählungsbericht und längst nicht so klar sortiert; und wenn die Menschen nicht mit besonderen Fähigkeiten, richtig zu raten, darangegangen wären, dann könnte man sehr wohl zweifeln, ob in den zehn- oder zwanzigtausend Jahren, die sie nun existieren mögen, ihr größter Geist die Menge von Wissen erlangt haben würde, das heute der dümmste Idiot besitzt." (*Collected Papers*, vol. II, Abschnitt 2.753). – [24] Man muß diesen Punkt besonders hervorheben. Wer über Induktion geschrieben hat und annimmt, daß der Mensch induktive Kenntnisse hat (oder entwickelt), tut das meistenteils, um unseren Vermutungen eine nicht-triviale apriorische Wahrscheinlichkeit zu sichern und damit eine Argumentation à la Bayes zu stützen. Peirce jedoch sieht, daß dies auch dazu gebraucht wird, um die relativ schnelle Gangart des wissenschaftlichen Fortschritts verständlich zu machen. Zu diesem Aspekt des Peirceschen Denkens siehe auch Robert Sharpe, „Induction, Abduction, and the Evolution of Science," *Transactions of the Charles S. Peirce Society* 6 (1970), S. 17–31. – [25] Wie einmal ein kenntnisreicher Theoretiker sagte: „Alle bestehenden Lerntheorien enthalten explizite oder implizite Annahmen über irgendein Auswahlprinzip, das in den ursprünglich zufälligen Antworten zur Wirkung kommt" (Donald T. Campbell, „Adaptive Behavior From Random Response", *Behavioral Science* 1 [1956], S. 105–10). – [26] Noch verschiedene andere solche Täuschungen werden in den Arbeiten von Daniel Kahnemann und Amos Tversky aufgeführt. Siehe zum Beispiel ihren Aufsatz „Judgments of and by Representativeness" in Daniel Kahnemann, Paul Slovic und Amos Tversky (Hrsg.): *Judgement under Uncertainty: Heuristics and Biases* (Cambridge, Mass.: MIT Press, 1982), S. 87, und auch ihr „Belief in the Law of Small Numbers", ebenda, S. 24, sowie „Judgment under Uncertainty: Heuristics and Biases", *Science* 125 (1974), S. 124–31. Siehe auch L.D. Phillips und W. Edwards, „Conservatism in Simple Probability Inference Tasks", *Journal of Experimental Psychology* 72 (1966), S. 346–57. – [27] Die in diesem Kapitel angesprochenen Überlegungen sind in meinem Buch *Methodological Pragmatism* (Oxford: Blackwell, 1977) teilweise vollständiger ausgearbeitet. – [28] Siehe zum Beispiel P.M. Churchland, *Matter and Consciousness* (Cambridge, Mass.: MIT Press, 1984) und P.S. Churchland, *Neurophilosophy: Towards a Unified Science for the Mind-Brain* (Cambridge, Mass.: MIT Press, 1986). – [29] Kein Autor hat in neuerer Zeit deutlicher als F.A. Hayek die tiefe Rationalität betont, die im Gegensatz zu den seichten Kalkulationen einer berechnenden Intelligenz, die ihre Betrachtungen auf die Ereignisse der Gegenwart beschränkt, historischen Prozessen eigen ist. Siehe insbesondere sein Buch Friedrich A. von Hayek, *Recht, Gesetzgebung und Freiheit*, Bd. 3: *Verfassung einer Gesellschaft freier Menschen*, übers. von Martin Suhr (Zürich: moderne industrie, 1981) – [30] Die französische Schule der Wissenssoziologie hatte im allgemeinen die Tendenz, die Evolution logischen und wissenschaftlichen Denkens durch einen Wettbewerb zwischen natürlicher und rationaler Auslese kulturell unterschiedlicher Verfahrensweisen zu erklären. Vgl. Louis Rougier, *Traité de la connaissance* (Paris: Gauthier-Villars, 1955), insbes. S. 426–28. – [31] C.S. Peirce, *Collected Papers*, (Cambridge, Mass.: Harvard University Press, 1934), vol. V, Abschnitt 5.366. (Deutsch zitiert nach: „C. S. Peirce, Schriften I, Zur Entstehung des Pragmatismus", hrsg. von K. O. Apel, übers. von G. Wartenberg, [Frankfurt: Suhrkamp 1967], S. 297.). – [32] „Im Anfang war die Tat", sagt Goethes *Faust*. – [33] Diese hier vorgetragenen Überlegungen sind eng mit den „epigenetic rules" verwandt, die eine Hauptrolle in Michael Ruses *Taking Darwin Seriously* (Oxford: Blackwell, 1986) spielen. Die einzige Abweichung besteht darin, daß Ruse die fraglichen Regeln als etwas ansieht, das eine vorwiegend biologische Basis hat, wohingegen die Diskussion hier ihre Basis als vorwiegend kulturell betrachtet. – [34] Vergleiche J.R. Cole und S. Cole, „The Ortega Hypothesis", *Science* 178 (1972), S. 368–75 und auch (dieselben:) *Social Stratifications in Science* (Chicago: University of Chicago Press, 1973). – [35] David L. Hull, „Altruism in Science: A Sociobiological Model of Co-Operative Behavior Among Scientists", *Animal Behavior* 26 (1978), S. 685–97. Hulls Schriften sind Wasser auf die Mühlen dieses Abschnitts. – [36] Diese sehr Kantische Fragestellung wird hier auf ganz unkantische Weise behandelt werden, denn die folgenden Überlegungen werden nicht, wie bei Kant, gewisse *apriorische* Prinzipien heranziehen, die angeblich der Physik *zugrunde liegen*. Vielmehr wird unsere Geschichte, ausgehend von den faktischen (*aposteriorischen*) Prinzipien, die Prinzipien entfalten, die die Physik *konstituieren* – die mutmaßlichen Gesetze der Natur selbst. – [37] Erwin Schrödinger, *Was ist Leben? Die lebende Zelle mit den Augen des Physikers betrachtet*, übers. v. L. Mazurczak (München/Zürich: Piper, 1987), S. 71. – [38] Eugene P. Wigner, „The Unreasonable Effectiveness of Mathematics in the Natural Sciences", *Communications on Pure and Applied Mathematics* 13 (1960), S. 1–14; insb. S. 2. – [39] Ebenda, S. 4. – [40] Albert Einstein, *Lettres à Maurice Solovine* (Paris: Gauthier-Villars, 1956), S. 114–15. – [41] Karl R. Popper (Anm. 8), S. 40–41. – [42] Mary Hesse, *Revolutions and Reconstructions in the Philosophy of Science* (Bloomington: University of Indiana Press, 1980), S. 154. – [43] Zur Klärung dieses Teils der Argumentation haben mir meine Gespräche mit Gerald Massey geholfen. – [44] Galileo Galilei, *Dialogo II* in *Le Opere di Galileo Galilei* (Edizio Nazionale, vols. I-XX, Florenz, 1890–1909), vol. VII, S. 298. (Den Hinweis auf diese Stelle verdanke ich Jürgen Mittelstraß.) Kepler schrieb: „So war Gott selbst zu freundlich, um müßig zu bleiben, und er fing an, das Spiel der Signaturen zu spielen, er zeichnete sein Ebenbild in die Welt. Deshalb wage ich zu denken, daß die ganze Natur und der ganze anmutige Himmel in der Kunst der Geometrie symbolisiert sind." Zitiert nach Freeman Dyson, „Mathematics in the Physical Sciences", in *The Mathematical Sciences*, The Committee on Support of Research in the Mathematical Sciences, Hrsg., (Cambridge, Mass.: Cambridge University Press, 1969), S. 99. – [45] Die vorstehende Erklärung folgt *The Riddle of Existence* vom selben Autor (Lanham: University Press of America, 1984). – [46] Eben dieser Ansatz ist ein hervorstechendes Merkmal, wenn man W.V.O. Quines Programm der „naturalisierten Erkenntnistheorie" betrachtet: „Unsere Frage ,Warum ist die Wissenschaft so erfolgreich?' muß man ... als wissenschaftliche Frage auffassen, die für die Untersuchung durch die Naturwissenschaften selbst offen ist. ... Individuen, die Ähnlichkeiten so gruppieren, daß diese sie weithin zu wahren Erwartungen führen, haben eine gute Chance, Nahrung zu finden und Verfolgern zu entgehen und somit eine gute Chance, zu leben, um ihre Art zu reproduzieren. ... Ich berufe mich nicht auf darwinistische Biologie, um die Induktion zu rechtfertigen. Das wäre zirkulär, da biologisches Wissen von Induktionen abhängt, und dann die Beobachtung erfolgt, daß die darwinistische Biologie, wenn sie wahr ist, hilft, zu erklären, warum die Induktion so effektiv ist wie sie ist." (W.V.O. Quine, „The Nature of Natural Knowledge", in *Mind and Language*, hrsg. von S. Gutenplan [Oxford 1975], S. 67–81, siehe S. 70.) Mein einziger Vorbehalt gegenüber dieser einsichtsvollen Passage bezieht sich auf Quines Gefühl, er müsse sich entschuldigen, wenn er die *Produkte* der Induktion verwendet, während er die *Verwendung* der Induktion rechtfertigt. Mit einem ziemlich komplexen Argument kann man zeigen, daß ein solches Vorgehen, unter geeigneten Umständen, manchmal nicht nur nicht fehlerhaft, sondern sogar das angemessene ist. Siehe Gerhard Vollmer, „On Supposed Circularities in an Empirically Oriented Epistemology" in G. Radnitzky et al., *Evolutionary Epistemology* (La Salle, Ill.: Open Court, 1987), S. 163–200. Worauf es ankommt, ist eigentlich nur, einen geeigneten Anfangspunkt zu finden, ebenso wie wenn wir ein Produkt von Ernährung, nämlich Energie, verwenden, um den Prozeß der Ernährung selbst fortzusetzen. Siehe auch mein Buch *Scepticism* (Oxford: Blackwell, 1980). – [47] Einige der Gedanken, die hier zur Diskussion gestellt werden, wurden in *Scientific Realism* vom selben Autor ausführlicher entwickelt (Dordrecht: Reidel, 1987). – [48] Dieser unvermeidlich irrtumstolerante Aspekt der Natur steht jeder naiven Erwartung eines Pragmatismus à la „Es funktioniert, deshalb ist es wahr" auf der Ebene einzelner *Thesen* entgegen. Doch die Lage ist verschieden, je nachdem ob man *Methoden* von hohem Allgemeinheitsgrad betrachtet oder handlungsleitende Thesen vorschlägt. Hier ist „Es funktioniert, deshalb ist es überzeugend" (als Forschungsmethode, d.h. was sich aus ihr ergibt, ist wirklich glaubwürdig) wieder etwas ganz anderes. Vergleiche vom selben Autor *Methodological Pragmatism* (Oxford: Blackwell, 1977). – [49] Offenbar kann kein vernünftiger Relativismus behaupten, daß „alles relativ ist". Damit sägt er den Ast ab, auf dem er sitzt. Der Relativismus muß in Hinsicht auf ein begrenztes Feld entwickelt werden. Man kann nicht sagen: „Keine Proposition kann absolut ausgesagt werden", sondern bloß: „Keine Proposition, die dem Feld R angehört, kann absolut ausgesagt werden" – und dann sollte diese Proposition selbst natürlich nicht zu R gehören. Dies ist aber schon alles, was wir für unsere Zwecke hier brauchen, denn es ist deutlich, daß die These „Die Argumente der Naturwissenschaften sind menschlich relativiert" natürlich selbst kein Argument der Naturwissenschaft ist. Sie ist eine These *über* den Bereich und nicht eine, die sich *innerhalb* seiner befindet. – [50] Eine nützliche Darstellung des historischen Hintergrunds dieser Spekulationsrichtung findet sich in Frank J. Tigler, „A Brief History of the Extraterrestrial Intelligence Concept" im *Quarterly Journal of the Royal Astronomical Society* 22 (1981), S. 133–145. – [51] Vergleiche die Diskussion in Goesta Ehrensvaerd, *Man on Another World* (Chicago: University of Chicago Press, 1965), S. 146–148. – [52] Georg Simmel, „Über eine Beziehung der Selektionslehre zur Erkenntnistheorie", *Archiv für systematische Philosophie und Soziologie* 1 (1885), S. 34–45 (siehe insb. S. 40–41). – [53] William James, *Pragmatism* (New York: Longmans Green, 1907); deutsch als: William James, *Der Pragmatismus. Ein neuer Name für alte Denkmethoden*, übers. von Wilhelm Jerusalem (Hamburg: Meiner, 1977), S. 107. – [54] Durch seine anthropologischen Forschungen kam Benjamin Lee Whorf auf ganz ähnliche Gedanken. Er schrieb: „Die wirklich interessante Frage ist nicht, was verschiedene Sprachen mit ... künstlich isolierten Objekten tun, sondern: Was tun sie mit der fließenden Natur in ihrer Bewegung, Farbe und wechselnden Form – mit Wolken, Ufern und dem Flug der Vögel? Denn: so wie wir das Antlitz der Natur aufgliedern, so wird unsere Physik des Kosmos sein." („Sprachen und Logik", in *Sprache – Denken – Wirklichkeit*. Beiträge zur Metalinguistik und Sprachphilosophie, hrsg. und übers. von Peter Krausser Hamburg: Rowohlt, 1963), S. 41. Vgl. auch die interessante Diskussion in Thomas Nagel, „What is it like to Be a Bat?", in *Mortal Questions* (Cambridge: Cambridge University Press, 1979), deutsch: „Wie ist es, eine Fledermaus zu sein?", übers. v. Ulrich Diehl in: Peter Bieri (Hrsg.), *Analytische Philosophie des Geistes* (Königstein: Hain, 1981), 261–275. – [55] Thomas S. Kuhn, *Die Struktur wissenschaftlicher Revolutionen*, übers. v. Kurt Simon (Frankfurt: Suhrkamp, 1973). – [56] E. Purcell in *Interstellar Communication: A Collection of Reprints and Original Contributions*, hrsg. von A.G.W. Cameron (New York und Amsterdam, 1963). – [57] Paul Anderson, *Is There Life on Other Worlds?* (New York: Crowell-Collier, 1963), S. 130. – [58] (Anmerkung der Übersetzer:) Rescher zitiert Christiaan Huygens, *Cosmotheoros: The Celestial Worlds Discovered – New Conjectures Concerning the Planetary Worlds, Their Inhabitants and Productions*, 2. Aufl.(London: James Kapton, 1698), S. 41–43. Übersetzung von Kai Puntel (s. Anm. 1) nach: Christiaan Huygens, Κοσμοθεωρος *sive De Coelestibus, earumque ornatu, conjecturae ad Constantinum Hugenium, fratrem*, Editio Altera Den Haag 1699, S. 36 f. – [59] C.S. Peirce, *Collected Papers*, vol. V, Abschnitt 5.494. – [60] A.a.O. vol VIII, Abschnitt 12. – [61] I. S. Shklovskii und Carl Sagan, *Intelligent Life in the Universe*, übers. v. Paula Fern (San Francisco: Holden-Day, 1966), S. 350. – [62] Calvin in A.G.W. Cameron (Hrsg.), (Anm. 56) S. 75. – [63] George Gaylord Simpson, „The Nonprevalence of Humanoids", *Science* 143 (1964), S. 769–775, wiederabgedr. als Kapitel 13 von *This View of Life: The World of an Evolutionist* (New York: Scribner, 1964), S. 773–4. – [64] (Anmerkung der Übersetzers:) Es handelt sich bei diesem Gesellschaftsspiel um eine Art verallgemeinerte Version von „Lembkes heiteres Berufe-Raten": Zuallererst muß geraten werden, ob es sich um ein Ding, ein Ereignis oder eine Person handelt. – [65] Siehe A.G.W. Cameron (Hrsg.), (Anm. 56). – [66] Robert T. Rood und James S. Trefil, *Are We Alone? The Possibility of Extraterrestrial Civilization* (New York: Scribner, 1981). – [67] Diels-Kranz 68 A 40 [für Leukippus und Demokrit]; übers. v. G.S. Kirk und J.E. Raven, *The Presocratic Philosophers* (Cambridge, 1957), S. 411. – [68] Alexandre Koyré, *Von der geschlossenen Welt zum unendlichen Universum*, übersetzt von R. Dornbacher, (Frankfurt: Suhrkamp, 1969). – [69] John A. Ball: „Extraterrestrial Intelligence: Where is Everybody?", *American Scientist* 68 (1980), S. 565–663 (insbesondere S. 658). – [70] Das menschliche Skelett hat mit etwa 220 Knochen ungefähr ebenso viele wie das der Katzen, wenn man die Schwanzknochen nicht einrechnet. Ein kleiner Affe hat rund 120. Hier kommt es natürlich auf die *unabhängig* beweglichen Teile an. Darin sind wir den „Tausendfüßlern" überlegen und – unter anderem dank unserer Finger – auch den Katzen. – [71] Zu jeder Zeit der Evolutionsgeschichte hatten die jeweiligen Pflanzenfresser in der Regel kleinere Gehirne als die zur gleichen Zeit lebenden Fleischfresser. Siehe Richard Dawkins, *Der blinde Uhrmacher* (Anm. 16), S. 228. – [72] Man könnte meinen, daß es irgendwie unangemessen ist, nach einer evolutionären Erklärung für etwas zu fragen, das nicht passiert ist. Doch es geht vielmehr darum, grundlegende Prinzipien von Naturprozessen zu verwenden, um zu erklären, warum die Evolution gewisse Wege nicht einschlägt. Unter diesem Aspekt ist die Situation im Hinblick auf die Intelligenz (d. h. *kognitive* Beweglichkeit) der Situation im Fall der Bewegung nicht unähnlich (d.h. der *physischen* Beweglichkeit). Zu erklären, warum die Evolution kein superintelligentes Säugetier geschaffen hat, ist strukturell der Erklärung dafür verwandt, warum sie kein superschnelles geschaffen hat, indem sie einige Geschöpfe mit organischen Rädern ausstattete. Eine interessante Behandlung dieser Frage liefert Jared Diamond in „The Biology of the Wheel", *Nature* 302 (14. April 1983), S. 572–3. – [73] Vergleiche zu diesem Problem J.B.S. Haldanes erhellenden und provokativen Aufsatz „On Being the Right Size" in seiner Aufsatzsammlung *Possible Worlds and Other Papers* (New York: Harper & Bros., 1928). – [74] Wir können es wie anderswo so auch hier natürlich nicht dabei belassen, auf diese recht anthropomorphe Weise von Evolutionsprozessen zu sprechen. In der abschließenden Analyse müssen wir diese Metaphern einlösen, indem wir von verschiedenen Gruppen (Stämmen, Clans) von Humanoiden sprechen, die zufällig eine Rekordanzahl von mehr als gewöhnlich intelligenten Individuen produzieren und sich dadurch in einem reproduktiven Nachteil befinden, weil diese vergleichsweise risikoscheuer wären. Aber niemand, der sich mit hinreichender Phantasie mit neueren demographischen Phänomenen beschäftigt hat, wird es schwierig finden, sich hier eine geeignete Art von Szenario auszumalen. – [75] (Anmerkung der Übersetzer:) Der Autor benutzt hier und in vergleichbaren Fällen den Ausdruck *meaning*, der im vorliegenden Kontext jedoch keinesfalls mit „Bedeutung" und nur sehr gelegentlich mit „Meinen" übersetzt werden kann. Meaning wird daher hier in der Regel mit „Absicht" bzw. „Beabsichtigen" wiedergegeben, auch wenn dies geringfügige Überschneidungen mit der Übersetzung von *purpose* ergibt. – [76] Einen guten Überblick über die philosophischen Fragen, die hiermit zu tun haben, bietet Paul Churchland, *Matter and Consciousness* (Cambridge, Mass.: MIT Press, 1984). – [77] Einige Fragen dieser Art werden in meinem Buch *Conceptual Idealism* detaillierter behandelt (Oxford: Blackwell, 1973). – [78] Zitiert in K.R. Popper, *The Open Universe: An Argument for Indeterminism* (Totowa, N.J.: Rowman & Littlefield, 1982), S. 89.

Bibliographie

Folgende Werke enthalten umfangreiche Bibliographien zur evolutionären Erkenntnistheorie:
- Donald T. Campbell, „Evolutionary Epistemology," in P.A. Schilpp (Hrsg.), *The Philosophy of Karl Popper* (La Salle, Ill.: Open Court, 1974; „The Library of Living Philosophers" Series), S. 413–463.
- Franz M. Wuketits, *Concepts and Approaches in Evolutionary Epistemology* (Dordrecht, Boston, Lancaster: Reidel, 1984).
- Gerhard Vollmer, *Evolutionäre Erkenntnistheorie* (3.Aufl.Stuttgart, Hirzel: 1984).
- Werner Callebant und Rik Pinxten (Hrsg.), *Evolutionary Epistemology: A Multiparadigmatic Program* (Dordrecht, Boston, Lancaster, Tokyo: Reidel, 1987).

Unter den vielen Arbeiten auf diesem Gebiet finde ich die Schriften von Donald T. Campbell besonders erhellend und interessant. Siehe insbesondere seinen Aufsatz „Natural Selection as an Epistemological Model" in R. Nasoll and R. Cohen (Hrsg.), *A Handbook of Method in Cultural Anthropology* (Garden City: 1970), S. 51–85. Von besonderem Nutzen waren mir außerdem folgende Bücher:
- Karl R. Popper, *Objektive Erkenntnis: Ein evolutionärer Entwurf*, übers. von Hermann Vetter (Hamburg: Hoffmann & Campe, 1973).
- Stephen Toulmin, *Kritik der kollektiven Vernunft. Menschliches Erkennen*, übers. von Hermann Vetter (Frankfurt a.M.: Suhrkamp, 1983).
- V. J. Jensen and R. Harré (Hrsg.), *The Philosophy of Evolution* (New York, 1981).
- Robert Byrd und Peter J. Richardson, *Culture and the Evolutionary Process* (Chicago und London: University of Chicago Press, 1985).
- Michael Ruse, *Taking Darwin Seriously* (Oxford: Blackwell, 1986).
- Robert Spaemann, Peter Koslowski und Reinhard Löw (Hrsg.): *Evolutionstheorie und menschliches Selbstverständnis: Zur philosophischen Kritik eines Paradigmas moderner Wissenschaft* (Weinheim: Acta Humaniora, 1984).
- Gerard Radnitzky u.a., *Evolutionary Epistemology, Rationality, and the Sociology of Knowledge* (La Salle, Ill.: Open Court, 1987).

In der Zeitschrift *Biology and Philosophy* (seit 1986) findet sich regelmäßig interessantes Material.

Außerdem wurden im Text folgende Werke zitiert:
Paul Anderson, *Is There Life on Other Worlds?* (New York: Crowell-Collier, 1963).
James Mark Baldwin, *Darwin and the Humanities* (Baltimore: Review Publishing Co., 1909).
Peter Bieri (Hrsg.), *Analytische Philosophie des Geistes* (Königstein: Hain, 1981)
Robert Byrd und P. J. Richardson (Hrsg.), *Culture and the Evolutionary Process* (Chicago and London: University of Chicago Press, 1985).
A. G. W. Cameron (Hrsg.), *Interstellar Communication: A Collection of Reprints and Original Contributions* (New York and Amsterdam: W. A. Benjamin, 1963).
Paul Churchland, *Matter and Consciousness* (Cambridge, Mass.: MIT Press, 1984).
P. S. Churchland, *Neurophilosophy: Towards a Unified Science for the Mind-Brain* (Cambridge, Mass.: MIT Press, 1986).
R. Cole und S. Cole, *Social Stratifications in Science* (Chicago: University of Chicago Press, 1973).
Charles Darwin, *Die Abstammung des Menschen*, übers. von Heinrich Schmidt (Stuttgart: Kröner 1982).
Richard Dawkins, *Der blinde Uhrmacher. Ein neues Plädoyer für den Darwinismus*, übers. von Karin de Sousa Ferreira (München, Kindler, 1987)
Freeman Dyson, *The Mathematical Sciences* (Cambridge, Mass.: Cambridge University Press, 1969).
Goesta Ehrensvaerd, *Man on Another World* (Chicago: University of Chicago Press, 1965).
Albert Einstein, *Lettres à Maurice Solovine* (Paris: Gauthier-Villars, 1956).
R. B. Goldschmidt, *The Material Basis of Evolution* (New Haven: Yale University Press, 1940).
Samuel Guttenplan (Hrsg.), *Mind and Language* (Oxford: Clarendon Press, 1975).
J. B. S. Haldane, *Possible Worlds and Other Papers* (New York: Harper & Bros., 1928).

Friedrich A. Hayek, *Recht, Gesetzgebung und Freiheit*, Bd. 3: *Verfassung einer Gesellschaft freier Menschen*, übers. von Martin Suhr (Zürich: moderne industrie, 1981).

Mary Hesse, *Revolutions and Reconstructions in the Philosophy of Science* (Bloomington, Ind.: University of Indiana Press, 1980).

Roland Huntford, *The Last Place on Earth* (New York: Atheneum, 1985).

Christiaan Huygens, Cosmotheoros: *The Celestial Worlds Discovered – New Conjectures Concerning the Planetary Worlds, Their Inhabitants and Productions*, 2.Aufl. (London: James Knapton, 1722).

William James, *Pragmatismus. Ein neuer Name für alte Denkmethoden*, übers. von Wilhelm Jerusalem (Hamburg: Meiner, 1977).

William James, *The Will to Believe and Other Essays in Popular Philosophy* (New York: Longmans Green, 1897).

William James, *Der Wille zum Glauben und andere popularphilosophische Essays*, übers. von Th. Lorenz (Stuttgart: Frommann, 1899)

David Kahn, *The Codebreakers* (New York: Macmillan, 1967).

Daniel Kahnemann, Paul Slovic, and Amos Tversky (Hrsg.), *Judgment Under Uncertainty*: Heuristics and Biases (Cambridge: Cambridge University Press, 1982).

G. S. Kirk und J. E. Raven, *The Presocratic Philosophers* (Cambridge: Cambridge University Press, 1957).

Alexandre Koyré, *Von der geschlossenen Welt zum offenen Universum*, übers. von Rolf Dornbacher (Frankfurt a.M.: Suhrkamp 1980)

Thomas S. Kuhn, *Die Struktur wissenschaftlicher Revolutionen*, übers. von Kurt Simon (Frankfurt a.M.: Suhrkamp, 1973)

Thomas Nagel, *Mortal Questions* (Cambridge: Cambridge University Press, 1979).

C. S. Peirce, *Collected Papers*, hrsg.v. C. Hartshorne, P. Weiss und A. Burks, 8 Bde. (Cambridge, Mass.: Harvard University Press, 1931–1958).

Charles S. Pierce, *Vorlesungen über den Pragmatismus*, übers. von Elisabeth Walter (Hamburg: Meiner, 1973).

Charles S. Pierce, *Schriften I. Zur Entstehung des Pragmatismus*, übers. von G. Wartenberg (Frankfurt a.M.: Suhrkamp, 1967)

Stephen C. Pepper, *The Sources of Value* (Berkeley und Los Angeles: University of California Press, 1958).

Jean Piaget, *The Language and Thought of the Child*, übers. v. Marjorie and Ruth Gabain (London: Routledge & Kegan Paul, 1959).

K. R. Popper, *The Open Universe: An Argument for Indeterminism* (Totowa, N.J.: Rowman and Littlefield, 1982).

Karl R. Popper, *Logik der Forschung* (Tübingen: Mohr, 1989).

E. Purcell, in *Interstellar Communication: A Collection of Reprints and Original Contributions*, hrsg. von A. G. W. Cameron (New York: W. A. Benjamin, 1963).

W.V.O. Quine, in Samuel Guttenplan (Hrsg.), *Mind and Language* (Oxford: Clarendon Press, 1975).

Williard Van Orman Quine, *Ontologische Relativität und andere Schriften*, übers. von Wolfgang Spohn (Stuttgart: Reclam, 1975)

Nicholas Rescher, *Conceptual Idealism* (Oxford: Blackwell, 1973).

Nicholas Rescher, *Methodological Pragmatism* (Oxford: Blackwell, 1977).

Nicholas Rescher, *The Riddle of Existence* (Lanham, Md.: University Press of America, 1984).

Nicholas Rescher, *Scepticism* (Oxford: Blackwell, 1980).

Nicholas Rescher, *Scientific Realism* (Dordrecht: Reidel, 1987).

Nicholas Rescher, *Die Grenzen der Wissenschaft*, übers. von Kai Puntel (Stuttgart: Reclam, 1985)

Robert T. Rood and James S. Trefil, *Are We Alone? The Possibility of Extraterrestrial Civilization* (New York: Scribner, 1981).

Louis Rougier, *Traité de la connaissance* (Paris: Gauthier-Villars, 1955).

P. A. Schilpp (Hrsg.), *The Philosophy of Karl Popper* (La Salle, Ill.: Open Court, 1974).

Erwin Schrödinger, *Was ist Leben? Die lebende Zelle mit den Augen des Physikers betrachtet*, übers. von L. Mazurczak (München/Zürich: Piper 1987).

I.S. Shklovskii and Carl Sagan, *Intelligent Life in the Universe*, übers. von Paula Fern (San Francisco: Holden-Day, 1966).

Herbert A. Simon, *Die Wissenschaften vom Künstlichen*, übers. von Oswald Wiener (Berlin: Kammerer & Unverzagt, 1990).

George Gaylord Simpson, *This View of Life: The World of an Evolutionist* (New York: Scribner, 1964).

Benjamin Lee Whorf, *Sprache – Denken – Wirklichkeit. Beiträge zur Metalinguistik und Sprachphilosophie*, hrsg. und übers. von Peter Krausser (Hamburg: Rowohlt, 1963).

Namenverzeichnis

Anderson, Paul 93
Asquith, P.D. 89
Bacon, Roger 34
Baldwin, J.M. 89
Ball, John A. 94
Beer, Gavin de 91
Bergson, Henri 13, 21, 90
Bieri, Peter 93
Boltzmann, Ludwig 89
Braun, Wernher von 26
Bruno, Giordano 70
Brush, Stephen G. 90
Byrd, Robert 89
Cameron, A.G.W. 93, 94
Campbell, Donald T. 91
Cardano, Girolano 23
Chardin, Pierre Teilhard de 13
Churchland, Paul 92, 94
Cole, J.R. 92
Cole, S. 92
Darwin, Charles 5, 11, 13, 16, 89
Dawkins, Richard 90, 94
Demokrit 94
Diamond, Jared 94
Donne, John 70
Dyson, Freeman 92
Edwards, W. 92
Ehrensvaerd, Goesta 93
Einstein, Albert 42, 51, 70, 92
Euklid 70
Frisch, Karl von 5, 16
Galilei, Galileo 48, 92
Giere, R.N. 89
Goethe, Johann Wolfgang von 92

Goldschmidt, R.B. 90
Haldane, J.B.S. 87, 94
Hayek, Friedrich A. von 92
Hesse, Mary 92
Hull, David L. 38, 92
Hume, David 22
Huntford, Roland 89
Huygens, Christiaan 63, 93
James, William 10, 60, 89, 93
Jennings, H.S. 89
Kahn, David 90
Kahnemann, Daniel 92
Kant, Immanuel 71, 92
Kepler, Johannes 34
Koyré, Alexandre 70, 94
Kuhn, Thomas S. 93
Lamarck, Jean-Baptiste de 13
Leukippus 94
Lorenz, Konrad 5, 16
Mach, Ernst 89
Massey, Gerald 92
Morgan, D. Lloyd 89
Nagel, Thomas 93
Nansen, Fridtjof 11
Newton, Isaac 34
Pascal, Blaise 70
Peirce, Charles Sanders 12, 16, 27, 28, 33, 44, 66, 90–92, 94
Pepper, Stephen E. 89
Phillips, L.D. 92
Platon 34
Popper, Karl R. 16, 17–23, 27, 90, 92, 94
Purcell, E. 93

Quine, Willard Van Orman 92–93
Radnitzky, G. 93
Rescher, Nicholas 5, 89, 91–94
Richardson, Peter J. 89
Rood, Robert T. 94
Rougier, Louis 92
Ruse, Michael 25, 91, 92
Sagan, Carl 94
Schilpp, P.A. 89, 91
Schopenhauer, Arthur 12
Schrödinger, Erwin 42, 51, 92
Sharpe, Robert 91
Shimony, Abner 89
Shklovskii, I.S. 94
Simmel, Georg 60, 89, 93
Simon, Herbert A. 91
Simpson, George G. 69, 94
Slovic, Paul 92
Smith, Adam 39
Spencer, Herbert 12, 16
Thagard, Paul 89
Thomson, William 90
Tigler, Frank J. 93
Toulmin, Stephen 16
Trefil, James S. 94
Tversky, Amos 92
Vaihinger, Hans 89, 91
Vollmer, Gerhard 93
Whorf, Benjamin Lee 93
Wigner, Eugene 42, 92
Wright, Orville und Wilbur 26

Sachverzeichnis

A

Absicht 83–88
Auslese
   natürliche 12–15
   rationale 12–15, 31–36

B

Biotechnik 74–77

D

Darwinismus
   kognitiver 11–12
   Methoden-D. 23–30
   Thesen-D. 17–23

E

Eine Welt – eine Wissenschaft 63–67
Erklärung
   hermeneutische 84–86
   kausale 84–86
Evolution
   biologische 16
   darwinistische 83–88
   kognitive 9–16, 34–36
   kulturelle 31–40
   methodologische 16
   E. und Absicht 83–88
   E. und Intentionalität 80–88
   E. als Verteilungsmechanismus 73–82
Evolutionsprozesse 12–16

F

Fortschritt, wissenschaftlicher 18–27

G

Geheimschriften 23, 49

H

Heuristisches Geschick 20
Homo quaerens 10
Homo sapiens 9–12, 77

I

Intelligenz 9–12, 73–82
   Begrenztheit der I. 77–82
Intelligibilität der Natur 41–53
Intentionalität 83–88
Irrtumstoleranz 51–53

M

Mathematik 41–51
Meta-Methodologie 29
Mutation 12–15

N

Naturwissenschaft, Möglichkeiten von 41–53

R

Rationalität 31–36
Realismus
   relationaler 71–72
   wissenschaftlicher 55–72

S

Scientific Community 38–40

V

Verfahren, soziale 31–40
Versuch und Irrtum 17–24, 27–30
Vertrauen 36–40

W

Wahrheit, Suche nach 18–21
Wissenschaft
   extraterrestrische 57–72
   Einmaligkeit der W. 63–67
   Erfolg der W. 41–53

Z

Zusammenarbeit 36–40